異界怪談
闇憑

黒 史郎

JN047928

竹書房
怪談
文庫

目次

※本書に登場する人物・グループ名はさまざまな事情を考慮してすべて仮名にしてあります。

サンショウウオの這う家

「前の実家が、父方の祖父の家に近くて、高校生くらいまでよく遊びに行っていたんです。お小遣いをくれるし、腹が空いたといえばなんでも出前をとってくれる。かなり甘やかしてくれるので、ずいぶん居心地がよかったんですよね」

あれさえなければですが、と古原さんは苦笑する。


祖父の家で、頻繁になにかが移動するような音を聞いたという。

それは足音のようで、ぺたぺたと湿った音であった。

夕刻から夜中にかけて聞こえ、明け方や朝に聞こえることはほぼない。

それは気のせいという範囲を超えており、誰もが認識できるくらい、はっきりとした音で、確実になにかが床や畳の上を激しい動きで移動しているのである。

音は二階から始まることもあれば、玄関から始まって二階へ上がって消える時もある。他にも移動のパターンは幾つかあった。

居間で祖父と二人でテレビを見てくつろいでいると、音が入ってきたこともあった。ただ、音は聞こえども、その姿は見えず。

家の中を、視えないなにかが動きまわっているのである。

「なにがここにいるの？　これはなんの足音なの？」祖父に何度も訊きました。すると、これはサンショウウオだというんです」

なんでも、昔はこの家の裏手の空き地に共用の井戸があったそうで、この井戸に、どこから捕まえてきたものか、サンショウウオを放り込んだ者がいたのだという。

井戸の深さは不明だが、サンショウウオにとっては暗く、湿気もあって、天敵もいない快適な棲《す》み処《か》。毎日、井戸の中から人々の営みの音を聞いているため、人間がどういう生き物かをよく知っていた。それゆえ、まったく恐れておらず、たまに井戸から這い出しては周辺の家々に入り込んで悪戯《いたずら》をしたものだと、祖父はいう。

古原さんには信じられなかった。

サンショウウオがどういう生態を持つ、どういう姿の生き物なのかはだいたい知っていたが、人家に入って悪戯をするという話は聞いたことがない。

井戸はもう埋められてしまっていて、住める環境はここにはない。

それに足音だけ聞こえて目に視えないものなら、それはこの世のものではない。

お化け、ではないのか。

サンショウウオのお化けが、祖父の家の中を這いまわっている？

いくらなんでも信じられない話だが、なにかが音を立てながら移動しているのは変えようのない事実であった。


この音の正体を知ったのは、高校一年の春。

なにかと親が煩《わずら》わしく感じる年頃で、古原さんも親の顔を見るのも嫌な時期であった。顔を合わせれば口喧嘩ばかりしていたという。

そんな時に祖父の家が近くにあるのは救いであった。

「週に四日、五日と通っているうちに、ほぼ住んでいるのと変わらなくなっちゃいまして、祖父の家から学校へ行ったりしていました。そのうち、二階の空き部屋を使っていいっていわれて、漫画とか着替えとかいろいろ持ち込んで好き放題やっていましたね」

その日も祖父の家に泊まり、二階の部屋でくつろいでいた。

あくびが出て、そろそろ寝ようかと電気の紐に手を伸ばした時。

ふと、天井に目がいった。

シミがある。

子供の頃からあったもので、見なれたものだ。

いつもは気にすることなどないのだが、この日はなぜか、こう思ったのだという。

これ、人の手の形に見えないか?

シミの形は昔から変わっていない――はずである。小さい頃はその形を見ても、手の形だと認識しなかったのであろうが、この時の古原さんにはそのシミが、見れば見るほどに人の手の形に見えていったのだという。

なんで、あんな場所に手の跡が?

いったい、誰が――。

はっ、となった、その次の瞬間。

ぺたぺたぺたぺたぺたぺた

湿った音が、部屋から出ていった。

そうか、この音は――。

あれはサンショウウオなんかじゃない。

足音でもない。

祖父の家中を移動し、あの音を鳴らしているのは。

人の手だ――。


「なるほど。でもどうして、あちこちを手で叩いてまわっているんでしょうね」

私が疑問を口にすると、古原さんは当然だという表情でこう返した。

「それは、足がないからじゃないでしょうか」

つまり、祖父の家の中を移動していたのは、人の上半身だというのである。

そう気づいてからというもの、祖父の家に足を運ぶことはだんだん減っていったそうだ。

うえをむいてあるこう

「あの、すいません、もしかして――」

勤め先のビルに入っているコンビニエンスストアで昼食を選んでいた大代さんは、知っている顔を見つけ、思わず声をかけてしまった。

以前の勤め先で一緒だった女性である。

隣の部署だったが業務で何度か話す機会があり、密かに素敵な人だなと想っていた。いつか食事に誘えたらと機会をうかがっていたのだが、積極的に行動ができる性格ではないので自らきっかけも作れず、勇気も出ず、気がつくと彼女は退社しており、大代さんもまもなくその会社を辞めたのだった。

約四年ぶりの再会である。

「大代さん？　わあ、ご無沙汰してます」

向こうも覚えてくれていて、それだけで嬉しかった。

互いの近況などについて話していると、かつての想いが急速に再燃していく。

この機会を逃せば、もう二度と会えないかもしれない。

思い切って食事に誘ってみた。

彼女は少し考えてから、

「これから行こうと思っていたお店があるんです。前から、行こう、行かなきゃって思っていたんですが、なかなか行けなくて……あの、そこでよければ」

このビルの三階にある喫茶店であった。大代さんもたまに利用するが、ごくごく普通の喫茶店である。

はて、あの店に女子の好みそうなスイーツなどあっただろうか。


店に着くと窓際の席を選んだ彼女は、メニューも見ずにコーヒーだけを注文した。

大代さんがメニューを見ていると、彼女は頬杖をついて外を見ている。

ただ景色を眺めているという目ではなかった。

なにかを注意深く探している、といった視線で、なんとも形容しづらい複雑な表情をしていた。どうやら彼女の目的は、この窓から見える光景のようである。

といっても、良い景色があるわけでもなく、駅前の広場と、このビルに併設されている自転車駐車場の屋根が見えるくらいであった。

彼女の視線は、自転車駐車場のほうに向けられている。

彼女となにかを話さなければ――。

前の勤め先のことや、現在の仕事のことなどについて話した。

彼女は頷いてたまに笑顔を見せるが、口数は少ない。彼女の意識は大代さんにではなく窓の外にあり、たまに視線をちらりとそちらに向ける。

「――もしかして、誰かと待ち合わせだったりしますか?」

「え? あ、ごめんなさい」

「いえ、僕が無理にお誘いしたんですから」

「無理だなんて、あの、違うんです」

この店に来た、本当の理由を話してくれた。


一昨年、彼女の妹がこのビルから飛び降りたのだという。

今、彼女が一人で住んでいる江東区にあるマンションは、もともとは一緒に上京してきた妹と二人で暮らすために借りていた。

仕事がらみの要らぬ人間付き合いに気をまわし、飲みたくもない酒を飲んで毎日帰りが遅くなっていた彼女は、マンションにはただ寝るために帰っていた。妹とは生活時間帯がまったく合わず、彼女が飛び降りる前の一週間はろくに会話もしていなかったという。

振り返ってみると、一緒に住んでいたのに妹と過ごしたという思い出が彼女にはほとんどないのだそうだ。

自分は姉なのに、妹が死ぬ前になにを考えていたのか、なぜ死んだのかもわからない。そうして自分を責めているうちに、しばらく落ち着いていたパニック発作が再発してしまった。

「もらっている薬はあるけど、治せるものじゃないんですよね。あれがくると死にたくなるんで……だから、リハビリをしているんですよ」

発作が続く時は、妹にとって最期の場所――この窓から見える自転車駐車場へ行って、手を合わせる。そうすることで、いくらか発作が起こる回数を減らすことができる気がするので、今日も行ってきたところだったという。

「落ちた場所に、妹がまだいる気がするんです。だって、他にないんです。あの子のいそうな場所、いくら考えても。少なくとも、あのマンションじゃない。それでさっき、ふと、妹が最後に見た光景を私も見たくなったんです。かといって飛び降りるわけにもいきませんから、今日はあの子が落ちた駐車場の屋根がよく見える、このお店に――」

大代さんは言葉を失っていた。

その頃はもうここで働いていたので、事故のことは知っている。

女子学生が屋上から飛び降り、自転車駐車場の屋根に落ちたのだ。外出していたので後から知ったことだが、その時、外出せずオフィスにいたら、きっと血だらけの現場を見ようと自分も野次馬にまじっていたことだろう。

この再会を機に彼女と親密な関係になれたら――。

そんな淡い期待は、とっくに消え失せていた。

そんな彼女から連絡がきたのは、再会から三ヶ月ほど経った深夜。

一応、連絡先の交換をしていたのだが、かかってくることはないと思っていただけに、スマホの画面に彼女の名前が表示された時は驚いた。

「こんな時間にすいません、大代さん」

家からではないようだった。広そうな空間に声が反響している。

どうしましたかと訊ねると、彼女は「妹と会えました」という。

えっ、と言葉に詰まる。

自転車駐車場にいるんです、と彼女はいう。

先刻、発作が起きそうな予感がしたので来たのだが、着いたらスッと不安が消えた。手を合わせてから帰ろうとしたら、ふいに頭上から、あーはーはー、という高らかな笑い声が聞こえてきたのでハッと見あげると、すごい速さで顔が落ちてきたのだという。

自分とぶつかる寸前で消えたか、自分の体を擦り抜けて落ちて消えたのか。

一瞬のことであったが、あれは間違いなく妹の顔だったという。

「妹が飛び降りた時の過去の残像が見えたのかなとも考えたんですが、あの子は屋根の上で死んだので、この中までは落ちてきていないんですよね。だからきっと私に『元気を出して』『ほら、私はもう大丈夫だから』『なんにも悩んでも苦しんでもないから』って、笑い声を聞かせてくれて、顔も見せてくれたんだろうなって、思ったんです」

今から会えませんか、と誘われた。

電車はないが、タクシーなら三十分で着く。
今から会えば、彼女と深い関係になれる気がした。
だが、行かなかった。

救済者

「こういうお仕事をされている方の前では言いづらいんですけど、わたしはホラーとつくものがなによりも嫌いなんです」

すいません、と謝られた。

すべては母親のせいなのだという。

都内の大学に通う鈴音さんは、父親が単身赴任しており、現在は母親と二人暮らし。

この母親、三度の飯よりホラー映画が好きで、鈴音さんが小学生の頃は毎日、TSUTAYAでDVDを何本も借りて、明朝、鈴音さんが起床する時間まで見ていたという。

毎日新作が出るわけではない。さすがに見るものも尽きてしまうはずだが、名作は何度見ても発見があるといって、十回以上見たタイトルを借りてきて飽きずに見ているというから本物である。

さすがに日中は寝ているのだろうが、それでも寝不足が祟っていたのか、顔色はいつも青白く、目の下には深いくまができ、乾燥した唇はつねに割れて血をにじませていた。もともとがきれいな顔立ちなのに、すっかりホラー映画を地でいく容貌になっていたという。

鑑賞中は画面を食い入るように見ており、途中で声をかけようものなら怒鳴られる。だから、見終えるのを待ってから話しかけるようにしていたのだが、すっかり入り込んでいる母親は、たった今見たホラー映画に出てきた悪霊やゾンビの真似をしながら娘に対応する。

冗談でやっているのはわかるが、鈴音さんはそれをされるのが本当に嫌で、彼女の目には母親がモンスター以上のモンスターとして、それは悍《おぞ》ましく映っていたそうだ。

こうなると、鈴音さんはだんだんと母親に話しかけることをしなくなる。

母親は母親で邪魔するものがないので映画ばかりを見ている。

親子の会話がまったくなくなる。

そんな様子を見かねて、当時はまだ家にいた父親が注意をすることもあったのだが、

「わたしの唯一の趣味を奪わないで」

そういって一日中、不機嫌になり、戸を閉める、食器を洗う、皿をテーブルに置くといった所作が乱暴になる。それで、どれだけの食器が犠牲となったかわからない。

だから、父親もへたに口出しできなくなっていった。

こうなってしまえばもう趣味では済まされない。

依存症である。

それもかなり深刻な状態にまでなっている。

鈴音さんが高校に入った頃には末期といえる状態で、ろくに家事もせず、一日中、とり憑かれたようにオカルト系のＹｏｕＴｕｂｅ動画を視聴していた。

「中学くらいから、母親がいなくても大丈夫なくらい自活能力がついていました。家事も全般、私でしたし。夕ご飯も自分で作って食べて、ついでに母のも作ってあげたりとか。そうです。作ってあげてましたよ。だってそうしないと、なにも食べないで、ずうっと怖い映画や動画ばっかり見ているんですから。死んでしまいますよ」

このままでは家庭が崩壊する。

危機感を覚えた父親は荒療治に打って出た。

スマホやパソコンなど、ホラー動画を見られる環境を母親から取り上げたのである。

すると母親は歯をむき出して泣き喚《わめ》き、暴れて、心神喪失の状態で家を飛び出そうとする。そこまでいくと父親は怖気づいてしまい、スマホもパソコンも取り上げることはできない。

「入院か、離婚か……」

父親の口から穏やかではない言葉を聞くことが増えてきた、そんな、諦めかけていたころだった。

急に、風向きが変わった。

母親が少しずつ、家のことをやってくれるようになったのだ。

早起きして家族の朝食を作り、洗濯をして、家の掃除をする。

当たり前のこと、と言ってしまうと今の時代にそぐわないが、母親が母親らしいことをしてくれているという光景は鈴音さんにとって衝撃的であった。

それが一週間、二週間と続くと、今度は逆に母親のことが心配になった。

急に自殺でもするのではないかと怖くなったのだ。

なにが母親を変えたのか――。

すると、何きっかけだったか、ある日、母親の口からその理由が語られたのである。

「市役所通りをお弁当屋さんのほうに入っていったところに印刷屋さんがあるでしょ。あのすぐそばの三叉路、わかるよね？　そこに昔からやってる占いのお店があるんだけど、知ってるでしょ？　私ね、前から行きたくって、でもなかなか開いてないのよね。でね、つい先日、たまたまそこを通ったら、開いていたわけ。びっくりして、そのまま駆け込んじゃった。で、見てもらったんだけど、私の顔を見るなり、今の生活を続けていたら、あなた、そのうち家族のことをみんな殺しますよって言われちゃって……」

そう言うのだが、その後、いくら探しても母親の言う占いの店は見つからない。

それでも母親は月に一、二度、その店に行くと言って、今でも出かけている。

父親も単身赴任で家にいない今、ホラー依存が落ち着いてくれることはとてもありがたいそうなのだが——。

「母の言っている占いのお店のある場所って、お稲荷さんしかないんですよ。お堂っていうんですか、ずいぶん古そうなんですが、祀《まつ》られている場所があって。いえ、それが怖いって言うんではなくて……もしそれが本物の神様か何様かだったとして、母の未来のことを本当に言い当てたのだとしたら……私たち、ヤバかったってことですよね」

山羊は海に

今年の六月、知人から某番組で妖怪について話してほしいとの相談を受けた。なんでも前回の放送で、ＭＣの出身地である宮古島で語られる「片足ピンザ」というお化けが話題となり、次回の放送で「沖縄の妖怪特集」が組まれる運びとなったのだという。

ピンザとは宮古島の方言で「山羊《やぎ》」をさす。

「片足ピンザ」とは、片足の山羊のお化けなのである。

といっても、山羊の「片足」がはたして何本の足をさすのか、私にはわからない。三本足なのか、一本足なのか。通常の山羊よりも脚の数が足りないということは確かなのだが。

民間伝承というよりは都市伝説に近く、宮古島の若者は誰もがその名を知っていて、地域の情報サイトには目撃報告が投稿されている、現代も生き続ける珍しいお化けなのである。

こういった地域限定のお化けが東京のテレビ番組で話題になるのも珍しい。せっかくなので新しい情報を仕入れておきたいと、宮古島でスナックを経営している知人女性Pさんに連絡をとった。


生まれも育ちも宮古島という生粋の宮古人《みゃーくぴとぅ》であるPさんは、この島に伝わる怪談・奇談にも詳しい。

山羊にまつわる怪談でなにか新しいものはありませんかと相談すると、

「あなたちょうどよかったね。いい話があるよ」

彼女の友人が最近、面白い画像を撮ったらしい。

海を撮影した一枚に、いるはずのない山羊が写り込んでいるという。

「最初に見た時は、それは驚いたけれども、よく見たら、あんた、もっと驚くよ」


後日、PさんからSDカードが届いた。

さっそくデスクトップに挿して、入っていた画像ファイルを展開する。

抜けるような青空。瑠璃《るり》色の海。沖縄の海と空である。

ストローハットをかぶった若い女性が浅瀬に立ち、半身をひねってカメラに向いてポーズと表情をキメている。

画像の左手の奥に大きな岩があり、その岩の手前に半袖の開襟シャツと短パン姿の男性がいる。

一見、怪しいものは写っていない、ように見える。

海面や岩に山羊の顔に見える箇所があるのかと隅々まで見るが、それらしいものは見つからない。

Pさんに電話をかけ、降参しますと伝えた。

Pさんによると、この画像は宮古島にある某ホテルのプライベートビーチ内で撮られたものである。

この日の宿泊客は少なく、ビーチにも誰もいなかった。

撮影時にも、撮影者とストローハットの女性以外に人はいなかったそうである。

「ということは、この岩の前にいる男が……ってことですか？」

撮影時にいなかったとされる人物。

どう見ても、生きている人にしか見えないが――。

よく見ると男は脚が一本しか写っていない。

「確かに興味深い画像ですね。片腕や片足が消えてしまっている写真はよく見ますが、ここではそれ以上の問題が発生している。この男はいなかった。いないのに写っている。つまり、お化け。じゃあ、ここに写っているのは、一本足のお化けってことですか」

いや、まてよ。もともと私は、山羊のお化けに関する新情報がないかとPさんに相談したのだ。だが、ここに写っているものは人の姿であって山羊には見えない。

――おや。

「まってくださいよ、Pさん。この片足の男の幽霊、影がありません？　ほら、岩のところに」

「影、ありますか？」

「影があるってことは、撮影時、日光を遮るなにかがそこにあったということですよね。なんだかそれだと幽霊っぽくない――ちょ、ちょっと待ってください」

私は画像ファイルを拡大表示させた。
――いた。
岩に片足の男の影が写り込んでいるものだと思っていたが、これは影ではない。
山羊だ。
はっきりと、黒い山羊の首から上が写っている。
角、耳、長老のような髭。虚《うつ》ろな目までも確認できる。
画像を拡大しなければ気づかなかっただろう。
海の浅瀬に佇む片足の男と、岩陰に浮かぶ黒山羊の首。
これは、すごい画像なのではないのか。

Pさんによると、昔は山羊の解体を海でやったものだという。だから、海に山羊が化けて出るといわれても意外には思わないそうだ。
と畜場法違反で現在は罰せられるが、法を犯して海で山羊を密殺する者は今でもいるという。片足の男が何者かは検討がつかないが、山羊に関係する後ろ暗いことをやっていた、或いは今もやり続けている者ではないかとPさんは所見を述べている。

あかも

ある晩秋の早朝、宗次さんは家の中で不思議なものを見る。

赤紫色の藻を集めてひと塊《かたまり》にしたようなもので、勝手口の三和土《たたき》の上に落ちていた。

薄赤い水が滲み出ており、そこから点々と台所の奥まで水滴の跡が続いている。

勝手口を出入りするのは、近所に住む妹たちくらいである。

宗次さんは六人兄妹の長男で、下の五人は全員女性。二人の妹は近くに住んでおり、妻に先立たれて独りで暮らす宗次さんをなにかと気遣い、よく食材などを持ってきてくれた。

さて、これはなんだろう。

磯臭いので海藻のようだが、サラダに入れるには多すぎるし、味噌汁に入れるにしては色が合わない。しかし、せっかく持ってきてくれたのだ。捨てるのも悪い気がし、洗って使おうと掴み上げると、これが重い。水を吸っているからだろうか。

人の首を持つと、これくらいの重さではないだろうか。

ふと、そんな妙な考えがわく。

一度考えたら、なかなか頭の中から去ってくれない。

掴み上げた右手は、髪の毛を掴んで首をさげているような感覚になっていく。

嫌なイメージを振り払おうと、ぶるぶると首を振る。

赤い藻のようなものは洗って笊《ざる》に入れておいたが、後で妹二人に聞いてもそんなものは持っていっていないという。

気味が悪くなって捨ててしまった。


それから間もなく次女が体調を崩した。

ひと月もせずに亡くなった。

その同じ月に長女が外で倒れて救急車で運ばれ、二ヶ月の入院の甲斐なく亡くなった。

ひさしぶりに兄妹で集まることとなった。

短期間で立て続けに家族が死ぬという異常な事態に、普段はどんなに声をかけても集まらない妹たちも遠方から来た。ショックは当然大きい。その晩は遅い時間まで、思い出話をかわしながら喪《うしな》った家族のことを偲《しの》んだ。

宗次さんは言いだせなかった。

二人が亡くなる前に、不吉な夢を見ていたことを。

死んだ妹たちは亡くなる数日前、それぞれ違う日に宗次さんの家を訪ねてきた。

二人とも勝手口から入ってくるのだが、例の赤い藻のような塊を持っている。

長女は両手で赤ん坊を抱えるように。

次女は西瓜《すいか》でも持ってきたように手に提げて。

彼女たちがそうやって勝手口で立っているのに気づいて、宗次さんが近づこうとすると、いなくなっている。

そんな夢を見て、すぐに二人は死んでしまったのだという。

ナンノ

真耶さんは高校生の頃、アイドル・南野陽子《みなみのようこ》の熱烈なファンだった。

どうして自分を彼女のように生んでくれなかったのかと母親を本気で恨み、同じ髪型にし、仕草や表情を鏡の前で真似して、少しでも彼女の姿に近づけるように努力した。

ミュージックカセットテープ、筆箱、下敷き、生写真、グラビアのある雑誌、人気絶頂のアイドルだけあって関連グッズや掲載雑誌はどれだけ買ってもキリがない。バイトの給料のほとんどをつぎ込んで買い集めた。

「とにかくこだわったのは、いかに部屋をナンノで埋めるかってことなんです」

壁、ドア、天井、開いているスペースにはポスターを敷き詰めるように貼り、どこにいてもナンノ（南野陽子の愛称）が視界に入るようにする。部屋ではつねに彼女の歌声を流しておく。

真耶さんの日常のすべてが、南野陽子一色であったという。

だが、ある時、熱が急に冷めてしまった。

なにがあったわけでもない。嫌いになったわけではなかった。

ただ、他に好きなスターが現れてしまったのである。

「ジャッキー・チェンです……」

たまたまテレビでやっていた映画を見て、そこから彼にハマってしまった。

そうなると部屋中のナンノのポスターやグッズが急に、ここにあってはいけない異物に見えてくる。

よし、片づけよう。

自分でも不思議だった。あんなに熱狂していた自分がナンノのポスターをすべてはがし、折り目がつくのを嫌がっていたのにきっちり四つ折りにして、カセットテープとともにデパートの紙袋に入れて押し入れの中にしまい込んでいた。

ナンノのグッズをすべて片付けたら、部屋はすっかり殺風景になってしまった。

なんだか、寂しいな。

しかし、まだ飾れるようなジャッキーのグッズは持っていない。映画雑誌から切り取った小さいポスターぐらいしかなく、とりあえずそれを壁に貼った。

そんなことをしていたら、午前三時をまわっていた。

もう寝なきゃ。

布団を敷いて電気を消した、その直後だった。

びりびりびりびりと、紙をゆっくり破るような音がした。

電気をつけて、すぐに部屋の異変に気づく。

先ほど貼ったばかりのジャッキーのポスターが破れ、右側半面がぺろんとめくれて垂れ下がっている。

小さく悲鳴を上げ、すぐにセロハンテープで補修したが顔の左右が微妙にずれてしまい、結果、台無しとなった。

「なんでこうなるよ……」

布団を敷いて、電気を消しただけである。

こんなふうに破れる原因がわからない。

あのポスター、気に入っていたのに……。明日、同じ雑誌を買わなくては。

痛い出費に落ち込みながら、部屋の電気を消す。

どうも眠れない。

ジャッキーのポスターの件もあるが、それとは別に落ちつかなかった。

なにかを感じる。

視線、気配……でもない。

なんだかわからないが、すごく居心地が悪かった。

きっと、ナンノをみんな片づけたからだろう。いつもあったものが急になくなったことで、体が勝手に違和感を覚えているのだ。

そのうち慣れるだろうと寝返りを打った、その時だった。

真耶さんは大きな叫びをあげながらベッドから転げ落ち、四つ這いで部屋を飛び出した。

部屋の前で喚いているところに父親がバットを持ってやってくる。

「どうした！」

なんと説明していいのかわからない。

寝返りを打つと、向こうのほうから男の顔だけが寄ってきたのである。

そっち側はすぐに壁で〝向こう〟などない。だが、その手も足も見当たらない、怒りの形相の髭面《ひげづら》の顔は、歩いているように左右に揺れながら真耶さんに向かってきたのだった。

部屋のなかを見てもらったが、変わったところはない。

後から来た母親が、「またなの？」とうんざりした顔でいった。

「実は、変なことがあったのはこれが初めてではないんです。家族全員が家の中で男の笑い声を聞いたり、廊下をなにかが擦るような音や壁にぶつかるような音を聞いたり、気配を感じたり……でも、なにかを見るってことは一度もなくて、その時が初めてだったんです」

きっと、家にいるモノは南野陽子のファンで、自分の心変わりを許せなかったのかもしれない、と真耶さんは思ったそうだが、それ以来、家の中で不思議なことは起こらなくなったので、ファンに戻ることはなかったという。

ひな、まって、ひな、まって

高二の夏に、姫奈さんの親友の弟が亡くなった。

「毎週、家に遊びに行っていたし、お泊りもしていたんで、創くんともよく遊んでいました。小四だったかな。ひとなつっこくて、でも恥ずかしがり屋で。わたしのことを好きでいてくれたみたいで、『ひな、ひな』って呼びながらついてくるんです。なーにって顔を向けると、照れちゃって顔を背けちゃうんです。かわいい子でした」

公園で友達と遊んでいた創くんが夕飯時になっても帰ってこない。

今までこんなことはなく、心配した彼の親は一緒に遊んでいた子の家に電話をかけた。

「創くんはね、いっしょにあそんでいたけど、いつのまにかいなくなっちゃった」

警察に連絡。

まず近隣を流れる川の捜索から開始された。

だが、この川はコンクリート護岸なので、子供が立ち入って遊ぶような場所ではない。また、誤って人が川に落ちないように太く頑丈なロープが張られており、それをわざわざくぐるか跨《また》ぐかして川の中に入る意味があるだろうか。

以上のことから、創くんは川には入っていないのでは、というのが警察の見解であった。

川でなければ無事である可能性はぐんと高くなる。

どうか、そこにはいないで……と家族は願った。

しかし、その願いもむなしく、翌早朝、警察が川底に沈んでいる創くんを発見。その後、死亡が確認される。

葬儀場で姫奈さんは、疲れ切ってぼろぼろになった親友を抱きしめて号泣したという。


それから半年ほど経った頃。

姫奈さんは所用で川沿いの道を歩いていた。憂鬱な薄暗さの夕空であった。

はっ、と息をのみ、足を止める。

右の足首に冷たさを感じる。

右足は川側にある。水に濡れたようにも感じるが濡れてはいない。

だが、明らかに冷たいものが肌に触れている。たとえるなら、冷水にひたしたティッシュをふわりと巻かれたような感覚であった。

創くんなの？

心の中でそう呼びかけていた。

なぜ彼だと思ったのかは今となってはわからないが、この時は確信に近いものがあった。

「創くんだよね」と、今度は声にしてみる。

答えるものはない。ただ冷たい感触がそこに在る。

死んじゃうと、こんなことしかできなくなるのかな……。映画の中では、あんなに色々なことができるのに……。

消え入りそうな弱々しい訴えかけに哀しくなる。

「どうしたの？　なにか伝えたいことがあるの？　あるよね……あ、わたしに遊んでほしいとか？」

足首に触れる冷たさが、ただの温度から、細い指が絡んでいるような感触へと変わる。

すごい。創くん、幽霊になれたの？

彼だと思うと怖くはなかったし、なんだか愛しい。もっとアピールしてほしい。そうすれば、これが気のせいや思い込みでないと確信できる。親友にも話してあげられる。

はっきりと指の感触が伝わってくる。それは次第に手の感触になる。

冷たい手は姫奈さんの右足首から這い上がろうとするが、落ちる。また這い上がろうとして、落ちる。まるで縋《すが》るように、弱々しくその行動を繰り返す。

まってよ、ひな、まってよ――そんな甘えたな声が今にも聞こえてきそうだった。

すごい、すごい。幽霊ってあるんだ。

こんなに自分が落ち着いていることにも驚いた。

そして、本物はそんなに力なんてないんだと思った。独りは寂しいからと川に引き込もうとするわけでもなく、ただただ、弱々しく訴えかけてくるだけなのだ。まってよ、ひな、いかないで、ひな――と。

「うん、わかった、わかったから」

屈みこんで、暗い川を覗き込む。

水の中に影が見える。あれは、創くんの幽霊なのか。

ひな、まって、ひな、まって

川に顔を近づけるが、空の暗さが反射してよく見えない。水の中にある影ではなく、水面の小波が作る影かもしれない。

急に襟首を掴まれ、後ろに引き倒される。驚いて顔を上げる。

「なにしてんの、あぶないでしょ」

犬を連れた、見知らぬおじさんだった。

この人の話によると、姫奈さんはロープとロープの間から半身を入れ、川の中に入ろうとしているように見えたらしい。

「――創くんが？　違います。あの子がわたしにそんなことをするはずないじゃないですか。私のことを好きでいてくれたんですよ？　そう、きっとあれが、創くんを川に引き込んだんですよ。わたしにやろうとしたみたいに」

相談

アメリカの大学に通っていた梨々花さんは、コロナを理由に一昨年に帰国した。だが、今住んでいる東京の部屋は自分の家ではなく、知人の家を一時的に間借りしているのだという。

「実家は富山なんですが、年の離れた兄との折り合いが悪くて……だから、帰りたくないんです。親にもそう言っているんですけど、住むところなんて用意してやるから、帰って来いって言われていまして……それはそれで、ひじょうに困るんですよね」

兄は最初の就職でつまずき、それから引きこもりになってしまった。

たった一度の失敗で情けない、いい大人なのだから面倒なんて見てやらないぞ、と両親は再就職を促したのだが、兄は心を閉ざし、根を深く張ってしまった。

厳しいことを口では言いながらも親は兄を放ってはおけず、結局のところ、三食と寝床、そのうえ、小遣いまで与えている。

そんな親と兄に梨々花さんは苛立《いらだ》っていた。

昔から兄弟仲が悪く、十年以上、兄とはまともに口をきいたことがない。兄弟喧嘩らしいこともしたことがなく、梨々花さんがなにを言っても兄は言葉で返さず、視線や態度で怒りや拒絶の意思を表してくる。

そんな兄とは一緒になど暮らせない。

「何年か前、そんな話で母親と大喧嘩しました。なんであいつを甘やかすのって。あいつと一緒に暮らすなんて耐えられないって。そしたら、じゃああんたは《おじいちゃんの家》にでも住みなさいって。それだけは絶対にムリ。まだクソアニキと暮らすほうがマシです」

《おじいちゃんの家》——母方の祖父の家である。

娘たちが嫁いでいき、あとは第二の人生を夫婦で楽しもうと建てたのだそうだ。

何度か外装を変えているので古臭くは見えず、家の中もきれいにリフォームされている。立地的にも住み心地も悪くはなさそうなのだが——。

問題は、住人が死ぬことである。

「わたしの知るかぎりでは——」

はじめは、家を建てた年に、祖父母と同居していた曾祖母が亡くなる。

なぜか、居間の卓袱台《ちゃぶだい》の下で、あおむけの状態であったらしい。

翌年に祖母が急死する。病死とされている。

その次の年には飼っていた犬が家から消える。縄を噛みちぎって逃げ出したかと思われたが、頭を潰された無残な死体となって近くの側溝に突っ込まれていた。

同年、祖父が亡くなる。

発見時、庭で屈みこむような姿勢で亡くなっていたことから、除草作業中に心臓が止まったのではないかとのこと。

こうして、家が建ってからわずか三年で、この家には誰もいなくなるのだが、すぐに近所に住んでいた伯母一家が移り住むことになる。

しかし、不幸は止まらず、またもや三年以内に伯父と娘が死ぬ。

二人とも病死で、娘は日本でも症例の少ない珍しい病であった。

その後に、また別の伯母が夫婦で住むことになるのだが、こちらは転居してからたった数日で旦那が自ら命を絶った。遺書もあり、仕事上の悩みであった。

《おじいちゃんの家》に住んだ者は死ぬ。

こう見るとたしかに、短期間で多くの親族が亡くなっている。

しかし、そのことを深刻に受け止めているのは、梨々花さんと一人の親戚だけであった。

「あの家、なにかに祟られているんじゃない？」

彼女がそう言おうものなら、「ばかばかしい」「考えすぎだ」と笑われる。

家が建っている土地がまずいのではないかと話したこともあるが、

「そういえば古い井戸があったと聞いたぞ」「いや、底なし沼じゃなかったか」「知らないのか？　墓地を潰して建てた家なんだぞ」と、悪い冗談で塗り替えて茶化《ちゃか》すのである。

そんな中で唯一、梨々花さんの味方になってくれるのがタツノリさんだった。

母親の姉の旦那である。

タツノリさんは、呪いや祟りといったものを信じるタイプで、《おじいちゃんの家》のことも以前からひどく気味悪がっていた。

ところが因果なもので、様々な事情が重なり、タツノリさんの家族は昨年から、この家に住んでいるのである。

当然、タツノリさんは断固拒否したそうだが、立場的に奥さんのほうが強く、半ば押し切られた形での入居であったようだ。

「でも、ここ二ヶ月ほどで流れが変わってきたようなんです。叔母が――タツノリさんの奥さんが、急に体調を崩してしまって、今はベッドから体も起こせないくらいの状態になってしまっているんです」

タツノリさんは《おじいちゃんの家》を出ることを決めたそうである。


「そこで相談なんですが……あの、今のわたしの話、どう思いますか？　この家……ほんとうにまずい家だと思います？　あ、ぜんぜん、わたしに気とかは使わないでください。本当の意見を聞きたくって……はい、それもあって、今回お話しさせていただいたというのもあるんです。というのも、ですね――」

両親が今、その家に兄を住まわせようと考えているのだという。

当面、仕送りはするそうだが、まずは独りで暮らすところから始めて自立を促そうというこらしい。兄もうるさいことを言われずに好き勝手にできると気楽に考えたのだろう、二つ返事で承知したらしいが――。

腐っても家族である。そんな兄でも死なれるのは困るという。

それにどうも、嫌な感じがしてならないのだそうだ。

《おじいちゃんの家》は、これまで一度も人が住まなかった期間がない。

ひっきりなしに人が住み、そして、死んでいる。

まるで、家自体が命を消費しようと、入居者を求めているようだという。

でも、本当に怖いのはそういうことではないらしい。

「これがもし、故意に起こされていたらって考えたんです。たとえばですよ、親族に気に食わない人がいて、その人をあの家に住まわせたらどうなるか……なんてことを考える人はいなかったのかなって……それとも、やっぱり、わたしの考えすぎなんでしょうか」

ものが長くはもたぬ家

雪菜さんは声優になりたくて、専門学校に入るために十九歳で上京した。

貯金は入学金で使い果たしたため、祖父の経営するアパートの一室を借りた。

郊外にある築四十年の二階建て。

業者に頼んで全室リフォームをしたと祖父はいうが、雪菜さんは怪しんでいた。

「壁や柱を塗り替えただけに見えるんですよ。傷やへこみや欠けは残っているんです。しかも、塗料がだらだら垂れたまま乾いたような跡がいたるところにあって。塗りが甘いところもあるから塗料の下から木材の色が見えていて……とにかく雑なんですよね」

窓の桟《さん》には、埃《ほこり》の塊やからからに乾《ひか》びた虫の死骸が溜まっている。風呂場の排水溝は赤い錆が岩肌のようになっていた。

壁紙もきちんと貼られておらず、空気が入ってあちこちが水膨《みずぶく》れのように浮いている。

繋目の部分は壁紙が足りておらず、壁の地の部分がのぞいていた。まともなリフォーム業者がやったとは到底思えない。修繕費をケチって、祖父がこつこつと一人でやったのではないかと疑いたくなる。

しかし、ただで住ませてもらう身なので、文句は言えなかった。

「えぇー、そんなぁ……」

ある日の朝、雪菜さんはショックで嘆きの声をあげた。

親友から引っ越し祝いにもらった青いプリザーブドフラワーが、蛾《が》のような色に変色していたのである。半年はもつといわれていたのに、引っ越してまだ二週間目のことだった。

数日後、転居後はじめて本格的に掃除をしようとすると、なにかが臭った。

すぐに臭いの出どころが判明した。

入居当初、畳のイ草が毛羽立っていて危ない箇所があった。ホームセンターで柔らかいフローリング材を購入し、畳の上に敷いていたのだが、見るとそのフローリング材がめくれあがっている。数日前から、少し浮いてきたなとは思っていた。

めくれた下からのぞく畳は黒く変色しており、べたべたと糸を引いて厭な臭いを発している。湿気で畳が腐っていたのである。

またこの日、夕食を作ろうと冷蔵庫から出した豚肉が傷んでいた。二日前に買ったばかりである。ろくなことがないなと気落ちしながら、肉なしの野菜炒めを作って食べていると——またもやなにかが臭う。

ゴミ箱からだ。見ると先刻捨てたばかりの豚肉が、もう形を失ってどろどろに溶け、ベージュ色の汁になっていた。

またこれは別の日。風呂上りに牛乳をパックごとラッパ飲みすると、味に異常を感じ、トイレに駆け込んで吐いた。酸っぱくなっていた。

前日にスーパーで購入したばかりで、しかも賞味期限に余裕のあるものを選んでいたはずであった。冷蔵庫が壊れているのかと中に手を入れてみるが、ひんやりとしており、異常は感じられない。庫内の温度設定も初期の設定から変わっていなかった。

冷蔵庫に問題がないことは、すぐに判った。

その後も、ジャガイモや柑橘《かんきつ》系の果物など、常温で保存できるものまでが傷みだしたのである。

いずれも購入してから二、三日後に変色、あるいは白や黒のカビに侵される。

プリザーブドフラワーのことといい、不可解であった。

が、まだこの頃は、そこまで異常なことだとは思っていなかった。

部屋の温度や湿度が食べ物の傷みを加速させるのだろうと、よく換気をし、除湿器を置くなど対策を講じてみるも、状況は変わらず。

これでは食材を買い置きすることができない。仕方なく、出来合いの惣菜《そうざい》を買って当日で食べきるようにしていたが、やはり作り置きができないのは金銭的に厳しい。

とにかく節約しようと考え、以前にテレビで芸能人が糠《ぬか》漬《づ》け作りをオススメしていたのを思い出し、自分でもやってみようと思い至って、ネットで漬け方を調べた。

これが大成功だった。

手入れは大変だが、意外な食材も漬けることができて楽しいし、味も濃厚になるので一食にこの一品だけあればいい。

すっかりはまった雪菜さんは、この日の朝も丹念に、糠を混ぜていた。

「いたっ」

チクッとして、慌てて、糠床から手を引き抜いた。

こびりつく糠を手から落とすと、親指にささくれがある。この傷に沁みたのだろうとビニール手袋をはめて混ぜていると、底のほうから掘り返した糠の中に、白ごまのようなものがたくさん混じっていることに気づく。

掬《すく》い取ってよく見てみると、その白ゴマのようなものはふよふよと動いている。

すべてコバエの蛹であった。

このショッキングな出来事から、糠漬けはやめてしまった。

「いたい、いたいよぉ、いたいよぉ……」

その後、ささくれていた親指の痛みがひどくなり、赤紫色に腫れあがった。

病院で化膿止めの薬をもらうが、効いていないのか、治癒に時間がかかるのか、痛みが治まる気配がまったく感じられない。

その傷が影響しているのか、首のリンパのあたりが熱を持ち、朦朧《もうろう》として、だんだん立っているのも辛くなってきたので学校を休んだ。

その後は微熱が数日間続いた。

動けないほどではないが、なにもやる気が起きず、朝から寝ていた。

ふと、部屋に祖母がいることに気づく。

祖父母の家はアパートのすぐ近くにある。ああ、親から連絡を受けて、心配で見に来てくれたのだなと思った。

お腹が空いていたので、なにかを作るか買ってきてもらいたい。そう伝えようと体を起こそうとするのだが、どういうわけか起き上がれない。

声を発することもできない。

怖くなって、この状況をなんとか祖母に伝えようと必死に口を動かすが、たぶん、動かせていない。全身の感覚がマヒしていて、布団や枕に触れている感覚もないことに気づいた。

祖母の後ろに誰かがいる。

いつからいたのか、手足と体が異様に細い変な人だった。髪はぼさぼさ。反吐《へど》が染みたように襟元《えりもと》の汚れたシャツを着ている。そのシャツが体のサイズとまったく合っておらず、ぶかぶかだった。

まったく知らない人どころか、ヒトであるかも不明である。

体は痩《や》せているのに顔はぱんぱんに腫れていて、通常の一・五倍以上ある。

そんなヒトだかなんだかわからないものが、祖母の首に両手を伸ばしているのだ。

祖母が危ない？

――いや、違う。

祖母は、何年も前に死んでいる。

そう気がついた時にはもう、祖母も、その背後から迫っていたものも、いなくなっていた。


雪菜さんは親に借金をし、他に部屋を借りた。

あの部屋で祖母になにかあったのかと祖父にたずねたが、この話をするとあからさまに話をそらそうとする。なにかあったんだねと食い下がると、口をきいてくれなくなる。

「祖父は普段は、とても優しい人なんですよ」

だが、祖母のことをしつこく訊こうとすると、雪菜さんを見る目が、どんどん死んだように濁るのだという。

日光でなにがあったか

チナさんの彼氏の泰人は物忘れがひどかった。

一緒に行った店、食べた料理、見た映画などを一ヶ月もすると忘れてしまう。あるいは、別の記憶とすり替わっている。

こんなに笑ったことがないというくらい二人で大笑いした話も、時間をおいてもう一度話すと、彼はこんなに笑ったことないというほど大笑いできる。

そんな少し心配な彼から、ある時にこんなことを訊かれたのだという。

「ちょっといい、チナ。日光って行ったことある？」

——ある。

しかも、泰人と二人で。

世界遺産のライトアップも一緒に見て、感動の言葉を伝えあっている。

互いのスマホで写真も撮っているし、二人で買ったお揃いの土産《みやげ》も部屋に飾っている。

だが、そのことは口にせず、どんな反応をするのかと答えを濁してみた。

「行ったこと……ないかな。どうだったかなぁ。泰人はあるの?」

「一度だけね。ないなら、行ったほうがいいよ。てか、行こうよ。すごくいいから。温泉もあってさ。連れて行ってあげたいところが結構あるんだよね」

いや、その温泉も一緒に行っているのだが。

おそらく、自分と一緒に行った旅行の思い出が自分抜きで思い出されたのだろう。

だが、その空白には誰が入っているのか。

まさか一人旅の記憶に塗り替えられているわけでもあるまい。

案の定、彼から聞く日光の話はことごとく、チナさんと二人で体験したことであった。

行った場所、見たもの、食べた料理、旅程のすべてがチナさんの記憶と共有されている。

彼にしては珍しく、旅の内容をこと細やかに覚えているのに。

なぜ、自分だけが彼の旅の思い出の中にいないのか。

怒りを通り越して、哀しくなってきたという。

そんなチナさんの思いも知らず、饒舌《じょうぜつ》に日光の良さを語る泰人。

呆れながら聞いていると、急に奇妙なことを言い出した。

「そこで友達が具合悪くなっちゃってさ」

チナさんの思い出にない話が飛び出したのである。

「えっ、なんて?」と聞き返す。

「いや、だから友達が、それ見た瞬間に具合悪くなっちゃったんだよ」

「それって?」

「だから、その子供」

「その子供ってなに? そのってなによ? 今、そんな話だった?」

泰人は、ぽかんとして、

「いや、今、その話をしてたでしょ。え、もしかして聞いてなかったの?」

呆れながら聞いてはいたが、聞き流してなどいなかった。あとですべてに突っ込みを入れるためである。

だから、彼は子供の話などしていない。唐突に脈絡もなく出てきたワードなのだ。

「じゃ、もう一回話もどすけど——そこに橋があってさ」

「橋って、あの神社の入口のところにあった赤い橋？」

「それそれ。あれ、行ったことあった？」

「いいから。で、子供って？　その橋にいたの？」

「うん。でも子供一人かと思ったら、奥のほうにもっといてさ。びっくりして」

「で、その具合悪くなった友達と、泰人はなんでその橋にいたの？　その友達って誰？」

「ちょっと、いっぺんに訊かないでよ。頭の中こんがらがる。だからお墓を一緒に見て――」

　あっ、と泰人が声をあげた。

「ちがう、あれ、チナと一緒に見たんだ、お墓。なんだ、一緒に日光行ってるじゃん。そっか、そっか、いやなんか話が噛み合ってないと思ったけど、そういうことか」

　泰人は思い出してすっきりした顔をしていたが、まったく噛み合ってなどいない。

　彼がチナさんと行ったことを思い出すきっかけとなった「お墓」など知らないのだ。

「あ、撮ってた、撮ってた、これこれ、お墓」

　そういって泰人が見せてきた、スマホの画像。

　どこの誰かもわからない人の墓石の前で、泰人があぐらをかいている。

その両腕には薄汚れた包帯のようなものが巻かれている。
この腕、どうしたの？
誰が撮ったの、これ？
チナさんの問いかけに、泰人は首をひねるばかりである。
日光で、なにがあったのか。

父親の喧嘩相手

「何十年ものあいだ、ずっと疑問だったことがあるので、そのお話をいたします。不思議なもので、十年以上も昔のことなんか大抵みんな忘れているのに、あの晩のことだけは録画したように細部まで覚えているんです」

国彦さんは中学一年生で、二個下の弟と高校生の姉がいた。

いつもはとっくに寝ている時間なのだが、この日は大晦日《おおみそか》なので、三人とも遅くまで起きていて、テレビを見たり、漫画を読んだり、みかんを食べたりしていた。

夜半ごろに父親が帰宅し、母親が玄関まで迎えにいった。

大きな悲鳴が聞こえてきたので、何事かと国彦さんたちは玄関へ走った。

父親が、ひどいことになっている。

顔からも、手からも、滴《したた》るほどに全身が血みどろだった。

うちから着ていった灰色のジャケットは、片袖がはずれかけて肩が覗いてしまっている。世界地図のような黒い染みも血なのだろう。

もともと白かったワイシャツは白い部分がほとんど残っていないくらい真っ赤で、弾けたボタンたちが糸一本でぶらぶらと揺れていた。はだけて露出した父親の薄い胸にも赤い飛沫の玉が飛び散っていて、テントウムシが群がっているようだった。

きっちり整えていた髪もぼさぼさで、顎《あご》から胸元にかけて嘔吐した跡もある。

母親は泣きながら父親の顔をティッシュで拭いて、父親は目をつぶって黙って拭かれていた。

父親が殺人を犯してきたのだと、国彦さんはおそろしくなった。

姉もひどく取り乱し、布団に頭を突っ込んで号泣していた。

父親が風呂に入っているあいだ、弟が母親に訊ねた。

おとうさんは誰かを殺してきちゃったの、と。

弟だから訊けたことだ。

今考えればまったく笑ってなどいなかったのだろうが、その時、母親はにっこり笑って、「お父さんは喧嘩しちゃったんだって。でも、あれはお父さんの血じゃないから安心して」といった。

血の量から見て、喧嘩相手の心配をしなくてはならないのだが、そこは子供。

父親が殺人犯にならないでよかったと、国彦さんと弟は安堵の息を吐いた。

国彦さんは翌朝、母親がゴミ袋に服を詰め込んでいるのを見た。

昨晩、父が着て帰った血だらけのジャケットやワイシャツだろうと思ったが、緑の柄のあるシャツがチラリと見えた。あんな派手な服がうちにあっただろうか。

妙に気になって、母親がいなくなってからゴミ袋の口を開いて中を見ると、やはり父親のジャケットとワイシャツが入っている。

ただ、昨晩はあんなに滴るほど血だらけだったのに、そうはなっていない。緑のペンキかインクのようなものをぶちまけたみたいになっており、先ほどチラリと見えたのはこれだった。

昨晩の服とは違う、別の服なのか。

いや、破れ方やボタンの取れ方から見て、父親が着ていた服で間違いない。

この緑はまさか、血なのか？

昨晩に見た赤い血の跡が、すべて緑色に変わっているというのか。

大晦日の夜に父親が喧嘩をした相手は、本当にヒトだったのか――。


「――この話は、ここまでなんです」

国彦さんは申し訳なさそうに目を伏せた。

いや、私としては充分だった。

ここで終わるところが怪談として面白いし、この後の展開があったとしても、よほどのことが待っていなければ、それは蛇足になる恐れもある。ここでブツリと切ったほうが、不気味さが残る。

ただ、怪談としてはここで終わっていいが、現実問題として、この後の展開はどうなっていったのだろうか。緑の血の付いた服を見つけた後、国彦さんはなにも行動を起こさなかったわけではあるまい。

「――ええ、そうなんです。ゴミ袋から緑の血の付いた服を見つけた後、僕は多分、姉と弟に、このことを話しているはずなんです。こんなことを自分一人の胸の内にしまえるはずがないですから。ただ、妙なんですよ。このあたりから急に、記憶がぼやけているんです。いや、ほとんど消えているといっていい。先ほどお話ししましたように、大晦日の夜のことは、あそこまで詳細を語れるくらいに記憶しているのですが……緑の血の付いた服を見つけてからの記憶が、ほとんどないんです。でも、それは僕だけじゃないんです」

数年前、そのことに気がついて、弟や姉にこの話をしたのだそうだ。

姉も弟も大晦日の夜のことは覚えていると言ったが、酔った父親が外で喧嘩をし、怪我をして帰ってきたというだけのことにされており、あの異常な夜のことを二人とも覚えていなかったのだ。

こうなると、おかしいのは自分だということになってしまう。

納得できない国彦さんは、数年前に帰省した折、当時のことをもっとも覚えていなければならない母親に訊いてみたのである。

ところが、あんなに大きな悲鳴を上げ、父親の顔に飛び散った誰のものかもわからない血や吐瀉物を泣きながら拭いていた母親が、「んー?」という顔で首を傾げたのだ。

迫真の演技でとぼけているのか、本当に忘却しているのか、判別がつけられないほどの「なんのことかわからない」という顔をされたのだそうだ。

夕闇の路地を走るのは

雪彦さんの生地は九州北方の離島。

小学生時代の体験であるという。

「地図で見るとぼちぼち大きい島ですが、人が住んでいるのはその端っこ。あちこちに民家が散っていなくて、港湾側に、ぎゅって密集していました。そこ以外の土地はほとんど畑ですから、なんにもなくてつまらない島ですよ。ただ、民家の密集しているところは路地が、あみだくじみたいに入り組んでいて、自転車で走ると面白かったんです。そこはよかったですね」

島の子供たちにとって、自転車はなくてはならないものだった。

仲間と遊びに行く時はもちろん、親に頼まれてお使いに行くのも、隣近所の友達の家に行くのも、どこへ行くのも自転車。自転車は子供たちのステータスで、改造したり、ライトを取りつけたり、シールをべたべた貼ったりと独自性を持たせていた。

みんな最新のギア付き自転車に憧れたが、裕福な家の子しか持っていない。

だいたいは兄や親のおさがりのママチャリで、雪彦さんは祖父の乗らなくなったものを譲り受けたので、他の子たちよりもデザインが古臭く、サドルのカバーも破けてスポンジが飛び出していたので恥ずかしかったという。


ある日の夕方、仕事から帰った父親が、「やっちまった」と自分の額をペチンと叩いた。仕事場に弁当箱を置いてきたのだという。

「ぼくがとりにいってくる」

雪彦さんは家を飛び出した。

父親の仕事場は家から歩いて十分ほどの場所である。

でも、自転車で行く。そのほうが早いからではない。日が暮れると子供たちはみんな家に帰っている。だから、路地を独り占めできるのだ。

父親の仕事場まで自転車なら三分ほどで着いてしまう。それではもったいないので、一番の遠回りの道を選んでいく。

夕闇が染み入る交錯した路地を、なるべくブレーキを握らず縫うように走る。これが面白い。

気持ちがよくて、ついペダルを漕ぐ速度を上げてしまう。

スピードが上がっていくと万能感のようなものが湧いてきてしまい、ろくに安全確認をしなくなる。道に落ちている桶か盥《たらい》のような物に気づかずに乗り上げ、ハンドルが踊ってバランスを崩し、肩から地面に勢いよく倒れた。

痛みで起き上がれずにいると、向かっていた方向からなにかがくる。

自転車だ。

大人か子供か、わからない。

いやだな、こんなところを友だちにでも見られたら。

傷みを我慢して起き上がり、自転車のチェーンを直しているふうを装い、通り過ぎるのを待った。

向かってくる自転車はペダルがどこかに擦れているらしく、がっしゅ、がっしゅ、と音をさせながらやってくる。

その音が後ろを通過しようという時に、雪彦さんはチラリと乗っている者を見た。祖父だった。

顔も丸首の白シャツもズボンも、返り血を全身に浴びたみたいに汚れていた。

乗っていたのは雪彦さんが祖父から譲り受けたものとまったく同じ自転車だった。

父親の弁当箱を持ち帰ると、食卓に座って夕食を待っている祖父に、どこへ行っていたのかと訊いた。

家にいたよと否定していたが、見た通りのことを話すと祖父は卒倒し、一時的に意識を失った。その後すぐに意識を取り戻すも明らかに様子がおかしく、顔色が悪かった。

この四年後に祖父は亡くなるが、あの日のことを聞き出すことは一度もかなわず、真相は藪《やぶ》の中なのである。

一歳児

幼い子供が一点をじっと見つめ、そこに笑いかける。

誰もいない場所に向かってなにかを話している。

そんな姿を見れば気味が悪く感じ、不安になる。ホラー映画ではよく見るシーンでもある。

まるで彼らが、大人の目には見えないものと呼応しているように見えるのだ。

だが、これはけっして珍しい行動ではない。

親になったことがある人や、子供を扱う仕事をしたことがある人ならわかると思うが、むしろ子供には、よく見られる行動の一つと言えるのだ。

だから、気にはなるだろうが気にする必要はない——と、言いたいところだが、次に掲げる事例は、なんらかの対策を講じる必要がありそうである。

美羽さんの勤める保育園の話である。

ここには、保育士たちに〝いる〟と周知されている場所が、いくつかあるという。

「数年間、一歳児の教室を担当していたんですが、一、二歳の子供って、こっちを見てほしい、注目してほしいと思っても難しいんですよね。がんばって興味を引こうと、絵本を見せたり、歌ったり手遊びしたりと色々やって見せるのですが、まあ、見てくれる子と見ない子は半々です。ましてや、全員の視線が一つに集中するなんてことはほとんどないんです。個人個人、好きなものは違うので、当たり前と言えば当たり前なんですけれども。でも、その教室では、子供たちが一斉に同じ場所を見ることが、よくあったんです」


たとえば、こんなことがあった。

「お遊び」の時間で保育士が、玩具や絵本を一つ一つ子供たちに見せている。

まったく興味を示さない子、他に興味を向けている子、それをちょうだいと手を伸ばす子、勝手に他の玩具で遊び始める子、泣き出す子。様々である。

ふいに教室の空気が変わったような、そんな瞬間があるという。すると、それはもう起きている。

あれほど自由な方向に興味・関心を向けていた一歳児たちの視線が、皆同じ一点に向けられているのである。

その場所は、廊下側のなんの変わったところも見当たらない壁である。

窓もなく、掲示物も貼られておらず、子供たちが気をとられるようなものはなにもない。

これが、他の子につられて見るというのならまだわかる。

だが、同時になにかに反応しているように一斉にそちらを見るのだそうだ。

しかも、視線を向けるだけで終わらず、そちらに向けて手を振り、「グバァバ」「グバババ」「グゥバ、ンバンバ」と謎の言葉を発する。

《喃語《なんご》》と呼ばれる、幼児の使う大人の理解できない言葉である。

「手を振るのも、グバグバと発するのもみんな無表情なんです。子供って表情をつくらないことも表情の一つみたいなもので、それが一歳、二歳児らしいところでもあるのですが、この時は、さすがにわたしも気味が悪くて……」

手を叩いたり、呼びかけたり、なんとか視線をこちらに向けようとするが、いったんそうなると、一歳児たちはしばらく、その壁に向かって無表情で手を振り、グバグバと発し続けるのだという。

これは、美羽さんが担当した年の一歳児たちに限ったことではない。

前年の一歳児たちにも同様の行動が見られたというのである。

また、閉園して園児たちがすべて帰った後に、園内で子供のような甲高《かんだか》い笑い声を聞いたとか、廊下を走る小さい人影を見たという怪談もまことしやかに語られているそうだ。

「保育士たちはみんな、この保育園は過去になにかがあったんじゃないかって噂していますす。子供の虐待があったんじゃないかとか、それで亡くなった子がいたんじゃないかとか……そういう事実がなかったにしても、幽霊がいるなんてことが保護者たちの知るところになれば、変な噂がたってしまうかもしれません。幽霊がいるところへなんて、子供を預けたくないでしょうし……。だから、お祓いをしようなんて話もあったんですが、園長が絶対に首を縦に振らないんです。まあ、派手なことをやって、それが外部に漏れても困るとお考えなのでしょうね」

お祓いに関していえば、美羽さんは反対であるという。

この保育園には確かになにかがいるとは思うが、それが霊だという考えには疑いを抱いているのだそうだ。

こんなことがあったらしい。

これも一歳児を担当していた頃。

Mちゃんという女の子のおむつ交換のため、おむつ交換専用の個室へ連れていった。

するとなにかが嫌だったのか、Mちゃんは激しく泣いて抵抗した。

「どうしたのー？　なにかイヤだった？」

すると、室内の電気が突然パチパチと明滅しだした。

ナ、カナ、イ、デ

どこからか声が聞こえた。

Mちゃんはぴたりと泣き止んだ。

この話をすると目に涙を浮かべる先生もいた。

その先生によると、Mちゃんのお祖母《ばあ》さんが最近、亡くなったらしい。孫のことが心配で、そばで見守っているんですねと言っていたが、それは違うと美羽さんは思ったという。

おむつ交換室で聞いた声から、感情のようなものはまったく感じられなかったのだ。

日本語に慣れていない外国人みたいな、変な発音だなと感じたらしい。

そのイントネーションをどこかで聞いているような気がすると思ったら、

「喉をとんとん叩いて、『ワレワレハ、ウチュウジンダ』ってやったじゃないですか。あれと同じ声だなってわかったんです。もしかしたら、うちの保育園って――」

幼い子供が発する意味のわからない言葉は《喃語》のほかに《宇宙語》とも呼ばれるが、案外、的を射ている名称なのかもしれない。

裏の世界から見ています

都内で美容系の店を経営する梨音さんから聞いた話。

「以前、働いていたお店での話です。まだ入ったばかりの頃、一人の女性客から猛烈なアプローチを受けていたんです」

仮に田中とするその客は、来店初日から迷うことなく梨音さんを指名した。

店のホームページに店員の情報は出ていない。

顔を見て、「この人がいいです」と選ばれたのである。

以来、三週間に一度は来店し、必ず梨音さんを指名していた。

「なぜ自分を指名してくれたのか、その時はわからなくて。パッと見の印象だけで決められたのかなって。それって、美容に携わる人間として悪い気はしないですよね」

だが、そんな呑気なこともいっていられなくなる。

次第に、田中が本性を見せ出したのである。

田中は梨音さんと「客と店員」以上の関係になりたがった。しばしば、梨音さんを独占しようという言動が目立つようになり、梨音さんが客と親しげに話していると嫉妬心を剥き出しにするのである。

「梨音さんはわたしよりもあの客が大事ですか？」

「そんなことありませんよ。お客さんはみんな大事です」

「わたしは梨音さんの一番になりたいんです。でも、それで梨音さんを困らせたくはないから、一番は諦めます」

——諦めるわけがなかった。

他の客よりも自分のほうが店にお金を落としている。

他の客よりも自分と良好な関係を築いておいたほうが得だ。

だから、自分を敵に回さないほうがいい。

そういう空気をばんばん放ってくる。

そんな彼女の口癖は、「わたし、裏の世界とけっこう繋がりがあるんで」だった。

いつかトラブルを起こしそうな客だったが、上客でもある。

なんとかうまく距離感を保って付き合っていければ。

そう考えていたのだが――。


ある日の施術中、田中がこんなことを訊ねてきた。

「梨音さん、独立されるんですよね?」

「ええ、そうなんです」

年内でこの店を辞め、都内に店を出すつもりだった。

「でも、まだ物件探しに悩んでいるんですよ」

「それなら、いくつか紹介できる物件がありますよ」

「え? そうなんですか」

「実は梨音さんのために探しておいたんです」

そう言ってスマホで見せてきた物件は、どれも微妙である。

立地、間取り、家賃、その他の条件。どれをとっても店を出すには適さない。なにをもってして、ここなのか。本当に自分のために選んでくれたのかと首をひねりたくなる、そんな物件ばかりであった。

どうしてこんな微妙な物件ばかり——あっ、そういうことか……。

住所を見ると、いずれも田中の自宅から近い場所。つまり、田中が探してきたのは、彼女にとって都合のよいだけの物件だったのだ。

「どれもよくないですか？　ここなんてスパも近くにあるし。わたしスパは毎日でも行きたい。一緒に行きましょうよ。あ、ここ、部屋が大きいでしょ。わたし、このくらいスペースがあるとすごく落ち着くんです。窓からの景観がいいんですよ。そうだ、今度ここ、一緒に内見行ってみません？」

まるで一緒に住む部屋を探すようなテンションだった。

ぞっとしながら、すべてをやんわりと断ったという。

その後、良い物件も見つかって店を辞めた梨音さんは、開店の準備に入った。

そのあいだに前の店でついた客が離れないようにレンタルサロンの予約を取る。エステティシャンやセラピストが使えるレンタルスペースで、そこで営業ができるのである。

しばらくはそのレンタルサロンで接客しながら開店準備を進めていくという旨を、得意先の客にメールで伝えた。

するとすぐに田中から返信が来た。

『ひどくないですか？』

お怒りのメールである。

梨音さんの客は平日に利用する人が多いので、サロンのレンタルを平日に絞ったのだが、田中は土曜日の来店が多かったため、これに不満を抱いたのだ。

『わたしを切り離すつもりなんでしょ？』

電話をして丁寧に説明したが理解を得ることはできず、ついにあの言葉が梨音さんに向けられた。

「わたし、裏の世界と繋がりあるんですよ。わかってます？」

――覚悟しておけよ、とでもいわんばかりの脅しをかけてきたので、梨音さんもついカッとなってしまい、激しい口論となった。

それから、田中からの連絡は一切なくなった。

ひと月経ち、梨音さんの店は無事、開店した。

以前の店からの得意客の紹介で新規の客も増え、幸いなことに短期間で軌道に乗せることができた。

すべてがうまくいっているように思えたが――。

ある客の発言で急に雲行きが怪しくなった。

「梨音さん、霊って信じる？」

「えっ、怪談の本とかは好きで読んでますけど」

「へえ、好きなんだ。あのね、信じてもらえないと思うけど、私、霊が見えるんだよね。急に変なこと言いだしてごめんね」

その女性は以前の店からの得意客で、スタイルも雰囲気も梨音さんが憧れるような「かっこいい女性」であった。今まで、彼女の口からそういう話を一度も聞いたことがなかったので本当に驚いた。

「変な目で見られるから、あんまり言わないようにはしているんだけど、でもさすがに、しんどいから言うね。ごめんね。怖がらせちゃうかもしれないけど」

この店の中に、たくさんの女の顔があるという。

「――顔、ですか」

「今もはっきり見えるんだけど、すごく気になるのが、その視線でね。ものすごく厭な目であなたを見ているの。その顔ね、みんな、同じ人なのよ……」

誰かから恨まれるような心当たりはないかと訊ねられ、すぐに田中の顔が浮かんだ。

だが、その名前は言わなかった。

「その顔、店のあちこちから、あなたのことを厭な目で見ているのよね。この顔を送りつけてきた本人は、たぶんもう死んでいるだろうから、すごく厄介かもよ」

後になって考えて、さすがに担がれたのかなと思った。

霊感があるなどと今の今までひと言も言わなかった人だからだ。

それに、あの田中が死んだ？

そう簡単にあの女が死ぬわけがない。今もしぶとく、したたかに生きているはずだ。

――だが、不気味ではある。

田中の顔面が店中に貼りついているのを想像すると……ぞっとした。

二度と関わり合いになるのはよそうと決めていたのだが――。

梨音さんは意を決し、田中に謝罪のメールを送ってみた。

人から恨まれているというのは、なんの非がなくても嫌なものである。

すると、すぐに返事があった。

心を尽くした謝罪の言葉が届いたのか、もう許してくれるとのことだった。

ただ、もう他で贔屓にしている店ができてしまったから、梨音さんの店に行くことはできないという。

梨音さんにとって、いちばんよい結果になったのである。


後日、霊感があると打ち明けてきた例の客から、「よかったわね」と言われた。

店の中にある顔がすべて、優しい表情になっているという。

その顔を見て、梨音さんがなにかアクションを起こしたことがわかったのだそうだ。

でもまだ顔はいるのかよと、梨音さんは素直に喜べなかったという。

わたしはKを見た

「忘れもしません。就職してからちょうど一年目の冬の夜でした」

彩さんの実家のある町は、都市部へ出るのに電車で何時間もかかる場所。東京の企業で働いていた彼女は毎日、終電で帰っていた。

この駅で降りるのは彩さんを含め、いつも十人もいない。駅から離れれば離れるほど、すれ違う人の数も減っていく。

閑散とした深夜の町を、等間隔に頭を垂れる外灯の道標に従って家路につく。

その道の途中に小さなパーキングを挟むY字路がある。

帰り道の中でいちばんここが明るい。パーキングの看板や自販機が煌々《こうこう》と明らんでいることに加え、Y字路のそれぞれの路に導く外灯が一本ずつあるからだ。

この日、そのうちの一本の外灯の下に人が立っているのが見えた。

スマホを見るでもなく、煙草を吸うでもなく。

なにをするでもなく、前屈みの姿勢で立っている。

パーキングの利用者という感じもしない。

いやだな……。

彩さんが帰るほうの道である。

道幅はそこまで広くないので、そばを通ることになる。

歩みを進めて距離が縮まると、その人物の異体さがわかってくる。

身長が異様に高く、身を屈めている状態でも優に二メートルはある。

呼気が白くなる寒さの中、その人物は半ズボンで上半身が裸という姿であった。

そして。

すごく、緑色なのである。

「近づけば近づくほど緑なんです」

露出している肌が、すべて緑色であった。

それは人の肌に塗料を塗ったような浅い色ではなく、岩を苔が覆うような自然界の中にある深く濃厚な緑であった。

背中になにかを背負っており、肩にベルトが食い込んでいる。

髪はおかっぱで――。

かっぱ。

そう、これは河童だ。

この人はこんな時間に河童の恰好をして、なにをしているのだろう。罰ゲームにしては手が込んでいる。テレビのドッキリ企画か。こんな場所で？ こんな時間に？ だれを騙そうというのだ？ それはさすがにないだろう。ではやはり、変質者だろうか。

幸いなことに、彩さんに気づいていないようだった。

明かりの届かない闇に紛れ込むようにして、気配と足音を殺し、建物の壁伝いに移動する。

気づかれないように。刺激しないように。いつ襲いかかってくるかもしれないので、視線だけは外さず、緊急連絡用にスマホを握りしめて。

前を通り過ぎたら、急ぎ足で離れよう。

河童の立つ外灯の前に、彩さんがさしかかった時。

河童は気づいたらしく、俯《うつむ》いていた顔をあげた。

その顔も緑である。

こけしのような、なんともいえぬ顔。

そこから急にボコリと眼球が飛び出て、ピンポン玉ほどに大きくなる。

彩さんは出かけた悲鳴を自ら手で塞いで抑えこむ。

「足が竦《すく》んでしまって、前に進めなくなりました。だってあんなの……映画の特殊技術ぐらいでしか見たことがないです。あんな住宅地のど真ん中で、映画の撮影なんてしているわけがないですし――」

河童は飛び出した目で彩さんをじっと見つめ、笑むように歯をむき出した。

人の表情を真似しているように見える。だが、それはとても人の作れる表情ではない。

河童は彩さんを見つめたまま、同じ言葉を二度、繰り返した。

それを耳にした彼女はおそろしさのあまり、ぼろぼろと涙をこぼしながら、「たすけてください、ころさないでください」と命乞いの言葉を口にしていた。

帰宅した彩さんは出迎えた母親に猿のように飛びつくと泣きじゃくった。

「なに、どうしたの？　なにかあった？　ねえ、彩、大丈夫？」

心配する母親に、Ｙ字路のパーキングで河童を見たのだと話すと爆笑された。

「そういう趣味の人よ。近づかなければ大丈夫」

母親はわかっていない。あれは本物の河童だった。

自分は見てはならないものを目にしてしまった。

あれはおそらく、河童が人間に化けようとしている途中だったのだ。

と、彩さんは信じているそうだ。

この一件から彩さんは現在まで、身の危険を感じながら日々を送っている。

「あの時、わたしが河童からなにを言われたと思います？　名前ですよ。わたしの名前を言われたんです。フルネームで。それって、どういうことだと思いますか？」

曲がっていれば

夜の十時過ぎ。

浩史さんは河川敷を一人でとぼとぼ歩いていた。

パチンコ店でスロットに興じた、その帰り道である。

「月のタバコ代くらいすっちゃって、かなりイライラしていました。この頃って親とバチバチで、まあ、いい歳してプラプラしていた自分が悪いんですけど、このまま帰ったら絶対に喧嘩になると思って、頭を冷やしていこうと遠回りして帰ったんです」

缶コーヒーをちびちび飲みながら遊歩道を歩いていると、前方に人影があるのに気づいた。

高校生でもたむろっているのだろうか。ちょっかいをかけられたら嫌だなあと、少しずつ道の端のほうに移動しつつ、スマホを見ながら歩調を速める。さっさと通り過ぎちまおう。

人影は二つ。笑い声が聞こえてくる。若い女の子のようだ。

ほっとした。が、自分がよれよれのシャツに破れたジーンズというみすぼらしい姿をしていることを思い出す。通り過ぎざまにクスクス笑われるのもキツイ。なので、スマホから目を離さず、歩調も緩めない。

楽しそうな笑い声が近くなってくる。聞いていると会話という会話もなく、ただ笑い合っている感じだ。その笑い声がヒィヒィと苦しそうで、よほど面白い動画でも見ているのだろうと思った。

声がだいぶ近くなったので、チラリと見てみた。

高校生、いや、中学生くらいか。顔が幼い。

一人がカレースプーンを持って、柄の部分を指でつまんで上下にこすっている。

もう一人の子はそれを横から見ている。

なんだ？　今どきスプーン曲げってか？　そんな動画でも見たのだろうか。

そんなことよりも不思議な二人だった。

色がない。

髪が黒で顔が色白なのはいいとして、二人ともセーターにジーパン、靴、トートバッグ、横にとめてある自転車まで、なにもかもが黒や白や灰色でモノクロ画像のようだ。そういう子たちが、あはは、あひひひ、ひーひっひと笑いながらスプーンをこすっている。でも、まったく曲がりそうもない。

浩史さんは足を止めて、彼女たちを見ていた。

立ち止まった覚えはない。

進めないのだ。足がぴくりとも動かなかった。

少女たちに向けた顔の向きを変えることもできない。

片手に缶コーヒー、片手にスマホ。その状態で金縛りに遭っていたのである。

モノクロの少女たちは浩史さんには目もくれず、一人はスプーンをこすり、もう一人はそれを見ている。笑い声は同じ音声を繰り返し流しているように単調であった。

そんな状態が二、三分、あるいはもっと続いただろうか。

少女たちは急に笑うのをやめ、スプーンをこするのもやめた。

そして、一度も浩史さんに目を向けることなく、自転車に乗って去っていった。

かんころん、と音を響かせ、飲みかけのコーヒーの缶が浩史さんの手から落ちた。

そこで、金縛りがとけていたことに気がついた。

汗だくで家に帰り着くと、姉が汚いものでも見るような目を向けてきた。

「なんなん浩史、その汗。こんな時間までどこほっつき歩いてたん？　金もないくせに。おやじ狩りにでもあったん？　金もないくせに」

茶化してくる姉に、河川敷でのことを話した。

自分でもなにが起きたのかわからないので、うまく説明できなかった。案の定、姉は半笑いで「なにそれ、宇宙人？　ようわからん」と首を横に振った。

「わからんけど、それ、曲がんなくてよかったんじゃない？」

「なにが」

「スプーン」

もし、その子たちのスプーンが曲がっていたら、あんたの人生、めちゃくちゃになっていたかもなぁ。

姉の無神経な冗談を笑い飛ばせなかった浩史さんは、夜の河川敷は二度と歩くまいと心に決めたそうである。

ごちそさま

昭和の頃。

冬初めの薄暗い曇り日であった。

突然、カツ江さんを強い眠気が襲った。

抱えた洗濯かごを落とし、洗濯場に座り込む。立ち上がろうとしても、片膝を立てることもできない。異常な眠気だった。

許されるものなら今すぐに横になって眠りたいが、やらなければならないことは山ほど残っている。ほんの少しくらいならと目を閉じてしまうことは簡単だが、そのまま深寝してしまうのがこわい。

当時のカツ江さんは、誰から見ても働き過ぎていた。

亡き父親の代わりに家計を支えるため、朝から夕まで叔父の工場で働き、仕事の合間を縫っては体の弱い母親にかわって家のことをすべてやっていた。

弟たちはまだ小中学生。いずれ彼らには家を支えてもらうため、今は勉学に励んでもらわねばならない。進学すれば金はもっと必要になる。

カツ江さんの日々に余裕の二文字はなかった。

今は自分がふんばる時なのだと気を張り続けていたのだが――。

いよいよ、積もり積もった無理が祟ったようだった。

「……ああ、だめ。少しだけ」

カツ江さんは洗濯場の冷たい床板のうえで全身の力を抜くと身を横たえ、目をつむった。


がばっと体を起こし、周囲を見回す。

「なに？　だれなの？　修平？　おさむ？」

弟たちの名を呼ぶ。

洗濯場の廊下は、しんと静まり返っている。当然だ、まだ弟たちは学校にいる。

今、確かに声が聞こえたのだ。

早口な子供の声で、

「ゴチソサマ」と。

なんなのだ、気味が悪い。家におばけでもいるというのか。

ごちそさま？　ごちそうさま、ということか。

ごちそうって、なんのことだ？　そんなもの、うちにはない。

いったい、なにを食ったというのか。

ゾッとしながら、洗濯かごを抱えて立ち上がる。

なにか、とても嫌な予感がする。

さっさと洗濯物を干してしまって、やるべきことをしてしまおう。

体がまだ完全に覚醒していなかったのか、縁側から庭におりる時に踏みどころを間違えた。ぐにっと足首が曲がり、そのまま体勢を崩してよろける。

おっとっと。倒れる寸前、とっさに伸ばした手が錆びた金網フェンスに絡まった。生前、父親が庭で菜園をやろうとして作った猫除けの囲いであるが、結局、菜園は作られることなく、フェンスも針金が錆びついてどうしようもなくなっている。

役立たずの金網フェンスはカツ江さんの指を簡単にもぎとった。

※

カツ江さんは左手の小指を立てて、私に見せた。

「指は接《つな》いだのですが、曲がらなくなってしまいました。オバケなんてこれっぽっちも信じていませんでしたが、その時は、あの声を出したものが私の小指を持っていったんだ……食われたんだと信じて疑いませんでした。あんなことは初めて体験することでしたし、それが起きてから、あっという間に私は指を落としてしまったんですから、その二つを繋げて考えてしまうのも無理はないでしょう？」

※

幸い、利き腕ではなかったので仕事はすぐに復帰できた。

まわりから少しは休めといわれたが、貯《たくわ》えなどないので長く休むことはできない。

そんなカツ江さんの姿を見かねてか、工場の給金の額はそのままで、週に二日は仕事を午前で終えて帰ってよいことになった。親や弟たちのことも大事だが、自分の人生も少しは大切にしなさいという叔父の心遣いであった。
中学生の弟もできる範囲で家のことを手伝ってくれると言った。
これからは、少し楽になるかもしれない。
そう安堵していた矢先だった。

飛び起きたカツ江さんは、電気スタンドをつけて部屋を見まわした。
弟たちが眩しそうに顔をゆがめて寝返りを打つ。
まただ。また、あの声が聞こえたような気がしたのだ。
早口の子供の声で。
「ゴチソサマ」と。
夢を見たのかもしれない。
でももし、夢ではなかったら。
歪《いびつ》に接がれた小指を握りしめる。
今度は、なにを食われた？
その夜は眠ることができなかった。

何事も起きることなく、まんじりともせぬまま朝を迎えた。
弟たちの弁当を作って学校へ送り出し、母親に朝食を作る。
食事をする母親の横で少し世間話にも付き合い、仕事へ行く準備をする。
大丈夫だ。なにも起こらない。
昨晩はきっと、声なんて聞いていなかったのだ。
以前に聞いた声だって、寝ぼけていたに違いない。
だって、そんな不吉なものがこの世にいるわけがない。この家にいるわけがない。
きっと、自分は疲れすぎていたのだ。
さあて。そろそろ、食事は終えただろうか。
食器を片付けに行くと母親の様子がおかしい。
座って頭を垂れている。動かない。
「おかあさん?」
母親は、事切れていた。
茶碗には、米粒一つ残っていなかった。

みかん

六年前の冬の晩方、それは突然はじまった。

さっきから五個も六個もみかんを食べる妻に、食べ過ぎじゃないですかと注意した。

「まだ一個も食べていないのに？」

不満げな目を向けてくる妻に、炬燵《こたつ》テーブルの隅に寄せられたみかんの皮を見せ、これは、あなたが食べたんですよと教えると、不思議そうにそれを見つめていた。

こうして言えばいったん食べるのを止めるが、五分もするとまた、みかんを持ってきて皮を剥きはじめる。

「もうやめなさい」

みかんをとりあげると、

「ちょうだい、ちょうだい」と手を伸ばす。

ああ、そうか。ついに始まってしまったのだなと、修一さんは肩を落とした。

認知症である。

以前、かかりつけの先生に「奥さんはいつでもなる恐れがあります」と告げられていた。

その時は生活習慣の見直しを促す脅し程度の言葉だと思っていた。

これから、いろいろ変わるな。

みかんを欲しがって手を伸ばす妻をみつめながら、覚悟を決めた。

「あ、こどもがいるぅ」

妻は顔を上げる。

エアコンのあたりを見ている。

もう、幻視まで起きてしまっている。

「どんな子供がいますか？」と訊いてみる。

赤ん坊。その子がなにかを話しているのと教えてくれる。

なんといっていますかと訊くと、そこは首を傾げる。そして、口に人差し指を立て、
修一さんに「しい」とやる。もう片方の手を耳に当て、子供の声をよく聞こうとしていた。

妻の目は、エアコンのあたりにいる子供を見ているのだ。

妻と一緒のものを見てあげたいが、修一さんの目には悲しいことに現実にあるものしか見えない。

「ええ?　ああ、そうねぇ」

妻は視線を下ろすと修一さんに向かって両手を合わせ、

「ごめん、しゅういちさん、ごめんね」と謝りだした。

「びっくりさせちゃったね、しゅういちさん、ごめん、ごめん」

その目を見て、「妻が戻ってきた」と感じた。


そして、本当に戻ってきたのである。

この日以来、修一さんの妻は認知症を疑うような行動を見せることはなかった。

みかんも、一日一個。

「その子はね、ちゃんといたのよ」

妻は赤ん坊のことを覚えていた。幻ではなかったと。

きっとどこかで縁があったはずの子なのだと。

その赤ん坊は、赤ん坊なのに、言葉をしっかりと話していたらしく、修一さんが可哀そうだから、はやく戻ってあげてと言われたのだという。
「じゃあもどるね」と答えたら、修一さんの顔が見えるようになったそうだ。
どんな顔をしていましたか、と訊くと、
みかんのような顔と答えたという。
子宝を授かることがなかったという、こちらのご夫婦。
とても頼もしい子が、そばにいるようである。

一階、一号室

ノブヤさんは二十歳前まで、父親の勤めていた会社の宿舎で家族と住んでいた。

入居者同士の関係がひじょうに良く、集まってバーベキューをしたり、キャンプへ行ったりと親交を深めていたという。

「単身でも家族でも入れて、家賃がとても安かったんです。だから入居者はなかなか出て行かず、人の入れ替わりがほとんどない。自然とまわりが付き合いの長い顔見知りばかりになっているんです」


ある年の春。

宿舎の入居者から自殺者が出てしまった。

一階の一号室に住んでいたオオトという三十代の男性で、遺書があったのかはわからない。単身者で他の入居者との交流もなく、誰に言わせても暗くて影の薄い人物であった。同じ会社といっても働く部署が違えば、話す機会も顔を合わすこともない。また、馴れ合いを嫌う人もいる。彼もそんなタイプだったのだろう。

「宿舎の中で何度か姿を見かけたことがあるんですが、いつも背中を丸めて、足を引きずるようにして歩いていました。〝今にも死にそうな雰囲気〟っていうんですかね。それが、その人に抱いた印象でしたが、まさか本当に死ぬなんて……」

宿舎を所有する会社は労働環境や賃金も悪くない。社内風紀や社員の生活にも目を配ってくれるし、普通に働いていたらなんの問題も生じようのない快適な職場である。仕事上の悩みなどはまず考えられない。おそらく、彼個人の理由なのだろう、と父親は言っていた。

翌年。世は大型連休に入り、ノブヤさんの家はとくに付き合いのある向かいの部屋のミナト家に誘われ、温泉旅行へ行くことになった。

その年に受験を控えていたノブヤさんは一度断ったのだが、息抜きも大事だと熱心に説得され、半ば強引に連れて行かれることになった。向かいの家には幼い子供が三人いて、ノブヤさんになついており、子守役として行かされるのだとわかっていたので、まったく気乗りしなかったという。

ミナト家が早くに着いて観光したいというので、出発はまだ空の暗い早朝となった。

互いの部屋の前で待ち合わせをし、ぞろぞろと宿舎の玄関口へと向かう。

「んー？」

ミナト家の主人が立ち止まった。

宿舎の玄関口にもっとも近い部屋のドアが半分ほど開いている。

換気で風を通しているにしては、あまりに不用心である。

「この部屋、まだ誰も入ってませんよね？」とミナト家の主人。

そうだ。

自殺の一件から、この一号室は、ずっと入居のないまま空き部屋となっていたのである。

入居者を入れないようにしていたのか、たまたま誰も入らなかったのか、理由はわからない。

「管理の人でも来てるんでしょうかね」

そういってミナト家の主人は、そっと部屋の中を覗き込む。

「こんな時間からですか？　それはなさそうですが――」

「あ、奥、あかりがついてますね」

「あ、ほんとですね」

ミナト家の主人とノブヤさんの父親が部屋に入っていき、ドアが閉まる。

あ、閉めるんだ、と、ノブヤさんは思った。

他のみんなはとっくに宿舎から出て外で待っていたが、ノブヤさんは一号室の前で父親たちが出てくるのを待った。

だが、いつまで経っても部屋から出てこない。

なんだよ、早く向こうに着きたいんじゃなかったのか。

それとも、なにか問題があったんだろうか。

開けて、中へ呼びかけようとドアノブを掴む。

「ノブヤ、おまえなにしてんだ」

後ろから呼ばれ、「え？」と振り向く。

宿舎の玄関口のほうから父親が向かってくる。

「あれ？　あれぇ？　なんで……えっ？」

父親と一号室のドアを交互に見ながら、「あれ?」を繰り返す。

変だぞ。絶対に変だ。目の前でお父さんとミナトさんは一号室の中に入って——。

いや。

ミナト家の主人は、宿舎の外でノブヤさんの母親と談笑している。

「そんな……」

どういうことだ? わけがわからない。

ノブヤさんは、ひとまず今あったことを早口で父親に話してみた。

「なんだそりゃ。ったく、これから行くって時に……後で顔でも洗え」

寝ぼけていると思われたのか呆れた顔をされ、まるで話を聞いてもらえなかった。


その後、父親がマンションを購入し、少年期を過ごした宿舎を出た。

それから家族は平凡だが落ち着いた生活を送り、五年前に父親は心臓の病気で六十四年の生涯に幕を閉じた。

その翌年に母親が倒れ、最期の床となる病院のベッドでノブヤさんに奇妙な話を語った。

「ノブヤに話しておかないといけないことがあるっていうんです。自分がいなくなった後のことかなと思って聞いていたら——父の遺品のことだって。父が亡くなってしばらく経ってから、遺品をかなり処分したんですが、選別は母に任せていたんです。僕では決められないんで。それで、その時に母が気になるものを見つけていたっていうんですよ」

それは、切手も貼られていない、宛先もなにも書かれていない、白い封筒。

中にはびっしりと書かれた六枚の便箋が入っており、字が小さくてなにも読めなかったが、最後に書かれている署名だけは読めたのだという。

オオトシゲノリ

「はじめは『だれ?』って感じでしたが、母の話を聞いていくうちに、ああ、あのオオトかってわかったんです。宿舎の一号室で自殺したオオトか、と。その封筒は処分してしまったみたいなんですが、母はずっと気になっていたようで、『どうして、あの人がそんなものを持っていたのかしらね』って、僕に訊くんです」

　切手も宛先もない封筒。

　びっしりと文字の書かれた便箋。

「それって、遺書なんじゃないかなって」


　どうして、父親がオオトの遺書を持っていたのか。

　そのことと、あの旅行の日に見た光景は関係があるのか。

　無理矢理につなげることはできるが――。

　悪い想像しかできないのだという。

地獄で酔っている

「あんなものを見てしまったらねぇ、誰でも酒なんて飲めなくなりますよ……」

森尾氏は年季の入った大学ノートを開く。

平成九年四月から、一日たりとも欠かさず書いているという日記である。

印象的だったのは、日によっての筆圧の違い。パラパラとめくっているのを見ると、字色が濃く殴り書きされたページや、線がよろよろと弱いページ、文字が小さく整列しているページなどがある。人様の日記なので内容に目を通してはいないが、その日のテンションのようなものが、日記の文字から見て取れるようであった。

この度、聞かせていただいた体験も、このノートの中に記録されていた。

その日の日記はまるで、つい何日か前に書いたような明瞭さだった。けっして忘れぬようにと一筆一筆、刻み込むように記したのだという。

こんな体験をしたそうだ。

二十代のほとんどを過ごしたという、かつて横浜にあった安アパート。

単身者用で森尾氏以外の入居者は、ほぼ年配者であった。にもかかわらず、階段は急勾配、すべり止めもなく、手すりもついていないという、高齢者が住むには少し厳しそうな建物だった。

三階に住んでいた森尾氏は、仕事で疲れきった体に鞭打ち、毎晩この階段に体力を削られていた。

ここに入居した時から、ずっと気になっていることがあった。

二階にある壁の一ヶ所が、いつ見ても濡れているのである。

階段を上がる途中、正面にある壁なのでいやでも目に入る。

それに、強烈な酒の臭いが立ち込めている。

当初は、酔っぱらいが酒をこぼしたんだろうくらいにしか思っていなかったが、見るたびに壁は濡れていて、いつも強く酒が臭うので、ずっと不思議に思っていた。

それが、思わぬ形でそうなった理由を知ることとなった。

その晩、給料日だった森尾氏は少し豪勢な一人晩酌をやろうと、スーパーでビールやつまみや寿司などを買って、鼻歌交じりに帰っていた。

前方にスーパーの袋を提げた男性が、こちらもご機嫌な様子で、ふらふらと歩いている後ろ姿がある。

六十代後半ほど。片手のカップ酒をちびちび口に運びながら、たまに体をよろけさせ、かなり酔っている様子であった。

ふらふらと森尾氏と同じアパートに入っていったので心配になった。

一階の住人だろうか。それならばいいが、あんな状態ではあの急な階段は上がれまい。まあ、これが日課みたいな人なら案外平気なのかもしれないが……。

やはり心配になってきたので小走りで追いつき、距離を置いて後ろから見守った。

男性はふらふらの歩調を保ったまま、階段を上がって行く。おいおい大丈夫かと、森尾氏は少し歩みを速める。急で手すりもない階段を、酔った爺さんが一人で上がっていくのを安心して見ていられるわけがない。

ふらふらとしながらも二階まで辿り着いた男性は、スタスタと向かいの壁の前まで移動すると手に持ったワンカップ酒を壁にひっかける。

そして、二階奥の部屋へと入っていった。

こうして、ここの壁が濡れている理由がわかったのである。


それからも幾度か同じ光景を見た。

例の男性が酒をかけているのを見たのはその時だけだったが、二階の他の部屋の住人、三階の住人も、ここでいったん足を止めて酒をかけていた。わざわざ二階でひっかけて一階の部屋に帰るという住人もいたので、これはアパートの自分以外の住人がみんなやっているのだなと考えた。

「飲み切れない酒を捨てているってわけでもないし、そもそも酒飲みはそんなもったいないことしませんよね。ずうっと濡れてるし、酒臭いのに苦情もないみたいですし、これはなにか儀式的な意味があるのではと、そんな気がしていたんです。たとえば、そこで酒好きな人が死んじゃって、その供養の意味があるとかね」

ある晩、例の場所に酒をかけている住人を見かけたので、思い切って声をかけて理由を聞いてみたという。

二階に住んでいるという白髪の男性は、水を切るようにワンカップの最後の一滴を壁にかけると空のカップをポケットに突っ込み、こんなことを話した。

「ここはね、前、この階に住んでたチョウジさんって人の最後の寝床なの。チョウジは名字か下の名前か知らないけど。で、何年前だったかな、真冬だよ、夜中にべろべろで帰ってきて、自分の部屋に辿り着く前にあそこで寝ちゃって、そのまま死んじゃった」

まさかの予想が当たっていたという展開に驚きつつ、少しだけ、ほっこりとした気分になっていたという。

「みなさん、親しい間柄だったんですね。だから、今でも」

「いや、そこまで知らないよ。話したことだって二、三度あるかないかだもん。いつも一人でいるのが好きな人だったからね」

「え？　じゃあ、どうしていつもお酒を――」

「そんなの決まってんだろ」

なんかされたら、いやだもんよ。

不貞腐《ふてくさ》れたような顔を濡れた壁に向ける。

「おにいさんにゃわかんないだろうけど、今も、そこにいるんだよ。たまに見えんの。

チョウジさんが。おれも大概な飲兵衛《のんべえ》だけれどもさ、この人はそんなもんじゃあないよ。ひどい酔い方だよ、こうはなりたくないね。こりゃあさ」

死んでるヤツにしかできない、地獄の酔い方だよ。

そう言い残し、二階の部屋に帰っていった。


「その人の話を信じたから、酒をやめたわけじゃないんですよ。僕もね、その壁の前で一度だけ見たんです。ええとね」

日記の字を目で追いながら、こう説明してくれる。

『細長い灰色の顔をした男が、ぶらんぶらんに伸びきった手や足を振りまわして、卍《まんじ》を描くように暴れていた。もがいている脚長の蜘蛛《くも》みたいで、その姿は確かに地獄で酔っている亡者に見えた。』

滝行の結果

くるみさんは四年前の十一月頭、友人の男女六人で滝行体験をした。

場所は都内のT山。

リフレッシュと動画撮影が目的で、他にも自分たちと同じ二十代と思しき参加者の姿があった。

白の行衣に着替え、お清めをしている段階から、寒くて震えが止まらない。

どおどおと恐ろしい音をたてる滝から上がる冷たい飛沫が容赦なく体に打ち付ける。

「いけるかな〜」

怜雄という年下の男の子が不安そうだったので、いけるいけるっ、とみんなで彼の腕を引いて入滝。重たく、冷たい水が全身に圧《の》し掛かる。

女性のインストラクターに倣《なら》って、瀑声《ばくせい》に負けぬ大きさで「えーい」と掛け声を発する。

早くも限界が来たくるみさんは、腰から下の感覚がなくなり、自力で立っているのかどうかわからなくなる。ギブアップしたいが、まだ始めたばかりで、しかも言い出しっぺはくるみさんである。

と、隣で誰かが体勢を崩す。

怜雄である。

すぐインストラクターが助けに入ってくれて、彼を一人先に滝から出してくれた。

それから怜雄は再び滝に入ることなく、冷え切った真っ白な顔になっていて、一点を見つめて爪を噛んでいた。

帰る時も怜雄の顔色は変わらず、彼の運転で帰る予定だったが、他の子が交代した。車の中で声をかけても反応が鈍く、顔色もやはり変わらず真っ白なままで、ぼんやりとデジカメで滝行の動画を見ていた。死人でも乗せているみたいに車中はどんよりとしていた。

そんな怜雄から相談があるとの連絡があったのは、滝行から一週間後。

くるみさんはその日、すべての予定をキャンセルし、彼と会うことにした。

彼の安否が気になっていたからだ。

滝行の後すぐ、彼が入院したと聞いていたのである。

「すいません、心配させたみたいで」

待ち合わせ場所にきた彼の顔は、滝行の時から変わらず真っ白だった。

彼の車に乗り込んでから、いったいなにがあったのかと訊ねた。


滝行の後、東京の彼女の家に泊ったのだという。

しばらく体調が優れないので横にならせてもらい、数時間寝ると少し元気になった。

彼女に滝行はどうだったかと聞かれ、あまり話したくなくて誤魔化していたら、動画を見せてほしいというのでスマホを渡し、自分は見なかった。

すると、急に心拍数が上がり、眩暈《めまい》がして、そこからの記憶がない。

後で聞いたら倒れて意識を失ったらしく、救急車で搬送されたのだという。

これという原因はわからず、体が衰弱しているので数日、点滴を受けてから仙台の実家で養生していたのだという。

「そんなことになってたの？　滝行で無理させたかな？　なんかごめんね……それで、相談したいことって？」

「お祓いとか、そういうのやってくれるところ、知りませんか？」

えっ、と聞き返す。

「お祓いです」

「えええ？　そんな知り合いいないよ。なに？　なんかあったの？」

滝行をしている時に「女」が降ってきたのだという。

滝の水と一緒に裸の女が降ってきて、目の前に落ちたのを見たというのだ。

驚いて体勢を崩したところ、インストラクターに滝から出してもらったが、その時はもういなかったそうだ。

「きっと、あの滝から落ちて自殺した人がいるんですよ」

で、その女が自分にとり憑いたんです、と真顔で話すのである。

くるみさんは半信半疑だった。半分信じた理由は、滝行の後もずっと怜雄は顔色が悪く、なにかに怯えているような様子だったからだ。その様子を見て、「なにかにとり憑かれたみたいだね」と笑ったのはくるみさんだったが、冗談のつもりだった。怜雄にとっては冗談でもなんでもなかったようだが。

しかし、滝行に行った山で自殺があったとか、怪談めいた噂も聞いたことがない。「信じられないですよね。あ、なら、見てもらっていいですか。変なことするわけじゃないですから」といって車を端に止めると、怜雄はズボンを脱ぎだした。

「やめて」と怒ったが、「違う、違うんです、見てほしいんです」といって脱いで、下はボクサーパンツ一丁になった。シャツの袖も肘までめくりあげる。

なにを見てほしいのか、ひと目でわかった。

肘、膝の裏、内太腿に、赤黒い瘤《こぶ》のようなものができている。太い血管が浮き出して密集したような瘤で、掻きむしったのだろう、瘤の周辺にできた引っ掻き傷が瘡蓋《かさぶた》で網目を作っている。

見てください、と手を見せられる。爪の間が真っ黒で、これは血なんだという。

他にも腋の下や股間など皮膚の柔らかいところに同じ腫物《はれもの》があるらしく、いずれも退院後にできたものだという。

「すぐ病院にいって見せたほうがいいよ」

「いや、医者じゃないんです。僕に必要なのは、お祓いできる人なんです。見てくださいね」

そういうと右腕をゆっくり曲げ、内肘の瘤が押し潰れる様をくるみさんに見せてくる。なにを見せるつもりなのかと引き気味に見ていると、

「あ、ここです、ここ」

曲げた状態の腕をくるみさんに近づける。

腕を曲げたことで内肘の瘤が変形し、それが爛《ただ》れた顔のように見える。気持ちが悪いことに、なにがどうなってそう見えるのか、白目と黒目のある目のようなところもある。見れば見るほど、顔だったが、彼が少しでも肘を動かすと形は崩れ、ただの瘤になる。

「気のせいだと思いたいんですが、僕が寝ていると女の声が聞こえるんです。なにを言っているかわかりませんけど、こいつが喋っているんですよ、たぶん」

それから、怜雄とはなんやかんやあって疎遠になり、会っていないという。

共通の友人から聞いた話では、彼は東京の彼女にフラれて、精神を病んだかなにかで仕事を辞めたようで、今はなにをしているのかわからないということだった。

くるみさんから、その時の滝行の動画を見せてもらった。

私には、滝に落ちてくる女は見つけられなかった。ただ、彼が入滝する前と、その後では顔色がまったく違っており、画面越しにも異様な白さだという印象であった。

将輝はひきずりこまれたか

ダンス・インストラクターの涼音さんは、以前に二つの男性地下アイドルグループにダンスを教えていた。

そのどちらのグループにも、なぜか奇妙な出来事がまとわりつき、不気味な事が起こっている。一つは、本シリーズの前作『異界怪談　生闇』に「地下アイドルの災難」の題で収録されているので一読いただきたい。

アルテという男性地下アイドルグループに教えていた時の話。

「教えるっていっても、ダンスだけではないんですよ。自分のアプローチのしかた、ブランディングのしかた、先輩などへのメールの書き方、ご飯に誘われた時の返し方とか、いろいろ教えなくてはいけないんです」

彼らはこれ一本で食っていけるわけではない。皆、日夜バイトをしながら続けている。この世界で脚光を浴び、人気アイドルになることができるのは、ほんの一握り。その夢を掴むために彼らは毎日、必死だった。どんなに過密なスケジュールの中でも、涼音さんから出されたステップの課題をしっかり練習し、教えに全力で応えようとしていた。

しかし、約一名、やる気の感じられないメンバーがいた。

リーダーの将輝である。

身長が高く、きれいな顔立ちをしているので、そこそこファンはいるが、業界まわりからはあまりいい評判を聞かない。

端的に言えば態度がよくない。

媚びへつらえとは言わないが、この世界で愛想は大切である。とくにインストラクターなどの指導側の人間との関係性は、自身の技能の成長に大きく関わるので第一義である。

しかし将輝は、なにを教えても「それぐらいわかってます」という態度をとる。

それだけなら、本人が損をこうむるだけだからいいのだが、みんなが頑張ろうと盛り上げている時、彼一人が盛り下げるような冷めた発言をしてみたり、突然、自暴自棄になったような態度をとって、まわりに気を使わせたりといった、グループ活動をするには致命的といえる悪癖があった。

「みんなが笑っている時も彼だけ目が笑ってないんです。口角だけをあげた引き攣《っ》った笑い方をするんで、人によってはそれをバカにされていると受け取る人もいるみたいで、同じ業界の先輩からもNGに近い嫌われ方をしていました。人目をまったく気にしていないっていうか、人に興味がないんです」

さらには、ファンの女の子に手を出し、もめにもめて自殺未遂にまで追い込んだという過去もあった。

それは涼音さんが指導を請け負う前の話だが、相手はタツミという、いつもライブに来ていた三十歳前後の女性で、アルテのメンバーのあいだでもよく知られていた。

将輝に捨てられたことを根に持った彼女は、彼宛てに自殺をほのめかす内容の〝ファンレター〟を送ってきた。

そこには『死んでお前を地獄に引きずり込んでやる』と書かれていたそうだが、名指しされているにもかかわらず、将輝は知らぬ存ぜぬという立場を主張し続けた。

タツミは他でも問題を起こしていたのだが、事務所は将輝に厳重注意をするだけにとどめたそうだ。

他にもアルテはいくつか問題を抱えていたため、事務所の判断で、惜しまれつつも二〇一八年末に解散してしまった。


そして——二〇二〇年。

コロナで業界はどこも瀕死《ひんし》状態であった。

涼音さんの仕事にも当然大きく影響した。

予定されていた仕事はすべてキャンセル。憂《う》さ晴らしに飲みに行くこともままならない。このままでは気持ちが塞ぎこんでしまうとこわくなった涼音さんは、アルテの元メンバーたちにリモート飲みの誘いをＬＩＮＥで送った。緊急事態宣言が解除されてすぐの頃であった。


その夜、元アルテのメンバーがパソコンモニターの中に会した。

想定はしていたが、リーダー・将輝は来ていなかった。

かつての教え子たちは、俳優を目指す者、ＹｏｕＴｕｂｅで再起をはかる者、芸能の道を諦めた者など、それぞれの道を進んでいた。

お酒も入って、地下アイドル時代の思い出話に花を咲かせていると、

「どうもー！　おつかれさまでーす！」

将輝が入ってきた。

場の空気が一瞬で変わったのが画面越しにわかった。

「あれ？　なんか静かだね。久しぶりなんだし騒ごうよ」

誰も言い出さないので、涼音さんが訊いた。

「お、おつかれ。ねえ、なんでそんなテンション高いの？」

「えー？　いやいや、涼音さん、普通ですって！」

普通ではなかった。こんなにテンションの高い将輝は見たことがない。

みんな引いてしまって、一言も発しないではないか。

涼音さんは先ほどまでの空気を取り戻そうと無理やり話題を作った。

「んー……あ、なんか将輝、ちょっとシュッとした？」

「痩せました。もともと食べても太らないし、毎日トレーニングもしてるんで」

「太らないのいいねぇ。今、なにしてるの？　音楽は続けてるんでしょ？」

「今はライバーしてますよ」

ライブ配信をしている者のことである。

「配信の収入も少し入るようになってきたんですよ」と、首を縦に振ってなにかのリズムを刻んでいる。彼はきっと、ライブ配信時のキャラのスイッチが入ったままなのだ。

そしてやはり、彼の目は笑っていなかった。

「リーダー、彼女できた?」

メンバーの一人の子が、がんばって彼に話題をふってくれた。

「それがね、最近できたんだよね」

「へえ、どういう子?」

「みんな知ってるよ」

その名を聞いて、その場にいる全員が衝撃を受けた。

タツミ。

『地獄に引きずりこんでやる』と手紙を送ってきた元ファンであった。

「今は同棲中で、今夜もこれからデート」

そんな明るい報告でも彼の目は笑っていなかった。

こうして微妙な空気が拭えぬまま、初のリモート飲み会は終了した。

将輝は終始、異様に高いテンションであった。

それから数十分後、元アルテの子から電話がきた。

将輝が心配だという相談であった。

「誰か、彼のそばにいてあげたほうがいいかもしれないですね」

「なんで？　もう、和解したってことでしょ？　よろしくやってるんじゃない？」

「あれ、ああ、そうか。涼音さん、タツミのことあんまり知りませんもんね」

おそらく将輝は、誰とも付き合っていないという。

彼が交際しているといっていたタツミは今、入院しているはずだというのだ。

「え、どういうこと？」

「知りあいにタツミのことを知ってる子がいて——なんでも結構、重い病気が見つかったとかで、もう退院は難しいんじゃないかって話です」

「難しいって、がん、とか？」

「わかりませんけど、たぶん。もう亡くなったって話も、ちらほら聞きますよ。涼音さんなら知ってるかと思ってました」

じゃあ、将輝は嘘をついたということか。

でも、どうしてそんな嘘を。

「そういえば将輝、かなり痩せましたよね」

そうなのだ。「シュッとした」などと軽い表現を使ったが、それどころではない変わり様であった。

まるで、漫画に出てくる死神のような顔であった。

それに時折、ふっと意識を失ったように首をカクンとさせることがあったので、疲れているのかなと気になっていた。

「もう一つ、気になることがあるんです。さっき来た将輝って、その……」

――本物でしたか？

モニターの中の彼は時々、体が透けて向こう側が見えていたという。

他のメンバーにも、そう見えている子がいたらしい。

大丈夫なのだろうか。

タツミに、地獄に引きずり込まれようとしてはいないだろうか。

こうなってくると、彼が本当にライブ配信をやっているのかも疑わしい。元アルテの誰も、将輝がやっているというライブ配信を見たことがないそうだ。配信アプリの名前も聞いていないという。

彼がSNSをやっているかもわからないので、なにも情報がないのである。

[redacted]・[redacted]

今夏、ある番組が主催の大型怪談企画にお誘いいただいた。

日本の地域を四ブロックに分け、怪談に関連するゲームで競い合うという趣旨のイベントで、各地在住の怪談の猛者が代表として選出されるわけだが、私は東北・北陸代表メンバーの一人として参加することとなった。

しかし、大変困ったことに、私は神奈川県の横浜在住である。つまり、手違いで北の代表として選ばれてしまったわけである。その件に関しては関係者から正式に謝罪を頂いており、番組のほうに問題がなければ継続で参加させていただくということになったのだが、問題は、この企画のプログラムの一つに「土地にまつわる怪談を語る」があることである。

東北・北陸の土地にまつわる怪談を語らねばならないのである。

私は関東以南の地域の取材が多いため、北の地にまつわる話にそれほど詳しくない。手持ちのネタはゼロではないが、その地域の代表として競わねばならないので生半可なネタを持っていってチームの足を引っ張るわけにもいかない。だが、今の時期に他県への移動を伴う取材はできない。時間もない。

そこで、東北・北陸地方の土地にまつわる怪談を資料から探すことにした。

だが、どんなに珍しい話でも、本に一度でも書かれているものはネットで検索すれば大抵、情報が出てくる。そんな簡単に得られるようなネタを持っていくわけにはいかない。

そこで私は、ネットに情報がない話という条件で自らを縛り、探すことにした。

そして、その条件にあった話を見つけることができたかと思う。

よって、これから記すのは私自身が体験者から採集した話ではない。

とある史料から見つけた「祭祀《さいし》」に関する記録である。

著者が採取した実話を収録する本シリーズ。ここにきて本旨とは違う内容のものをあえて掲載する理由は、とにかく情報が出てこないからであり、本書を読んだ方からなんらかの新情報の提供でもあればという下心である。また、これは「怪談」をきっかけに始まった調査であり、その内容の不可解さから、本書の掲載に値するだろうという判断であった。そしてなにより、他ではおそらく、書くことができない話なのである。

さて。

前置きが長くなったが、次に掲げるものが、ネットに情報のない、ある「祭祀」についての記録である。なお、慎重を期すために一部の固有名詞を伏せている。

※

山形県のある地域では、[redacted]・[redacted]というものを祀っていた。

それは[redacted]ゾンと呼ばれる家でしか祀られないもので、ゾンは血統のこと。

このゾンには資産家が多いが、人付き合いがないので交際費がかからないから金が貯まると言われている。

[redacted]・[redacted]は年に一度、正月の松の内に祀られる。

T村（現在は合併して村名は消失）では、正月四日の早朝、その家の帰依《きえ》している寺の住職を家に招いて、茶の間の神飾りの前に机を据え、会席膳に白米を一升盛り、その前で仁王経《にんのうぎょう》を読んでもらう。

棒の先に幣束《へいそく》をつけた「梵天《ぼんてん》」と呼ばれる物を三本作り、それを白米の上に立て、経を読んで、家内安全、火盗消除の祈祷をし、厄落としの守りを置いていく。三本の幣束は祈祷が終わると玄関の柱、竈《かまど》の上、井戸に飾り付けられる。

それが済むと、その家の主人が袴《はかま》・羽織の姿で座敷の床前と神飾りの前に、酒と雑煮《ぞうに》餅《もち》を供える。この神飾りとは、あらゆる神の掛け軸を家にあるだけ集めて茶の間に飾ったものである。

ここからが、些《いささ》か怪談めいた話になる。

座敷の床前にお膳を供える時、家の主人はぴたりと手をつき、「どうぞおあがりください」という。すると、無人の座敷から、ピチャピチャとものを食う音が聞こえ、気配がする。

大勢が集まって談笑するような声が聞こえるともいう。

そうした声や物音が止むと膳を下げるのだが、膳の上を見ると料理はきれいになくなっている。

この座敷で酒を飲み、雑煮を食うのが、[redacted]・[redacted]なのである。

これは納戸や蔵座敷、土蔵の二階など、家によって居る場所が違うらしい。


この[redacted]・[redacted]は、どんどん増えてしまうものだという。

だから、[redacted]ゾンの家は、娘を嫁に、次男・三男を婿に出す時、箪笥《たんす》や櫃《ひつ》の中にこれを隠し、持たせる。だから、その家から嫁や婿をもらう家は、婚礼の後に必ず、衣装開きと言って、持ってきた衣装を全部飾って村人たちに見せなくてはならない。これにより、隠されている[redacted]・[redacted]を発見することで、それが家に混ざることを防ぐのである。

だから、人々は[redacted]・[redacted]を祀る家との縁組を避けたがったものだという。


箪笥や櫃に忍び隠す、[redacted]・[redacted]――。

いったい、どのような姿形をしたものなのだろうか。

それに関する記述も見つかった。

一説では、「戒名《かいみょう》を書いた板」だといわれている。

戒名は亡くなった人がつけられる仏の世界の名。

その名を刻んだ板に、この[redacted]・[redacted]が宿るということか。


[redacted]・[redacted]とは、いったいなんなのか。

その正体は判然としないが、このように考える向きもあるようだ。

病に罹《かか》ったがために、納戸や蔵屋敷に押し込められ、死んでいった者の霊。

――これが本当であれば、たいへんにむごい話だが、降って湧いた病禍《びょうか》により自主的隔離を強いられる今、他人事とは思えない。

では、板に刻まれた戒名は、隔離されて死んだ者に与えられたものなのか。

それはなぜ、ほうっておけば増えていくのか。

その答えにはまだ、私は辿り着いていない。

追記
無理に繋げるつもりはないのだが、本稿を執筆中に思いだしたことがある。

今夏、竹書房文庫より刊行された『未成仏百物語』に、「バックヤードで」という話を書いた。

コンビニ店のコピー機に忘れてあった「戒名の書かれた紙」が怪異を引き起こすという、実話を元に書いた怪談である。

正直、書きながら考えた。死者の名を書いたものとはいえ、たった一枚の紙。そんなものが、はたして怪をなすことなどあるだろうか。この話は「戒名の書かれた紙」が引き起こしたわけではなく、怪異を引き起こす要因は他にあったのではないか、と。

しかし、ここにきて己の見識のなさを思い知らされたのである。

忌念写真

誕生日、入学祝い、成人式、就職祝い、そんな祝いごとがあるときまって、シオリさんの家族は近所にある中華屋さんへ行っていたという。

「テーブルが回転する、ちょっと高級なお店で、でてくるものはみんな美味しいんです。だから、お祝いごとのある日は本当に楽しみにしていたんです」

結婚後も変わらず、この習慣は続いている。家族が増えた分、お祝いの日も増えたので、自宅が両親の住む家と近いということもあって頻繁に夫と娘二人を連れて行っている。

食事が終わると、お店の人に頼んで家族全員の写真を撮るのが定例なのだが、シオリさんはこれを、そろそろやめようと思っているという。食事だけを済ませて帰りたいのだ。

なぜなら、シオリさんのお祝いの日だけ、彼女がおかしな写り方をするからだ。

「右腕が写らないんです」

シオリさん以外の家族の祝いごとでは、そのようには写らない。

彼女が嬉しい日にだけ、右の腕がなくなる。

消えるのは肌が露出している箇所のみで、長袖を着ていれば手首から先が消え、半袖なら肘《ひじ》から先、ノースリーブなら肩から指先までの腕一本が消える。

「一度や二度ならいいんです。光の加減や体の角度で、そう写っちゃったのかな、それで済みますから。でも、毎年ですから。これは本物だよね、これって心霊写真だよねって。でも、うちの親なんかは、顔や手が写りこむものだけがそういう写真だと思っているので、いまいち反応が薄いというか、わたしとの温度差がずいぶんあるんです」

だから平気で玄関やリビングに、右腕のない彼女の写った写真を飾る。シオリさんは見つけるたびに剥《は》がしているという。

「こんな縁起が悪い写真は飾らないでよ」

「大丈夫でしょ。だって、今までなんにもなかったじゃない」

たしかに、今まで怪我は一度もしたことがない。

駅の階段で将棋倒しに巻き込まれた時も、友だちの運転する車が後ろからトラックに追突されて田んぼに突っ込んだ時も、掠《かす》り傷一つできたことがなかった。

右腕だけは。

大きな事故は他にも幾度か経験しており、怪我もしているが、右腕だけは被害を受けたことがないのである。

そして、気づいたのだそうだ。

左腕の怪我があまりにも多すぎることに。


振り返ると子供の頃から手首を骨折したり、ドアで指をつぶしたりといった、比較的大きな怪我をしているが、すべてが左であるという。駅での将棋倒しや友達の車の事故でも、骨折や腱断裂《けんだんれつ》といった大怪我をしたのは左腕だったそうだ。

「それってまるで、右腕の不幸を左腕がすべて請け負っているみたいじゃないですか?」


ここにきて、シオリさんの不安はひじょうに大きくなっている。

今年はコロナのこともあり、いつもの中華店には行けていない。シオリさんの誕生日にも実家へは帰らず、自宅で夫と娘二人の四人でパーティーをしたという。

そこで撮った写真では、シオリさんの右手は消えていなかった。

だが、首から下が幽霊のように透けていたのである。

写真に写らないほうが守られ、そのぶん写っているほうが不幸を背負う。

シオリさんの身に起きていることの法則通りならば、首から下に起こる災いをすべて、彼女の首から上が請けることになってしまう。

「実は数年前に脳梗塞《のうこうそく》をやっているんです。だから怖くって」

次の記念日の写真で、自分の首だけしか写っていなかったら。

そう思うと怖くてたまらないそうだ。

三階、三〇四号室

「半袖の服は着たくないですね。人に見られたくないんで。だって見られたら、いちいち説明しなくちゃいけないでしょう？」

久遠寺さんの右肘の形は歪《いびつ》である。

ある奇妙な体験をした夜、彼女は大怪我をした。その怪我で肘の皮膚がごっそりとそげてしまったのだそうだ。元に戻そうとはしたそうだが、きれいに癒着しきれず、歪な形をしているのである。

この肘を見られると、どうしたのと必ず訊かれるらしい。そのたびに、自分のした体験のことを話していたのだが、みんな半信半疑といった反応なので、もう人には話したくないのだそうだ。そういう理由から、怪談を書いている人にこの話を提供できればと、かねてから考えていたらしい。怪談の本に載れば、さすがにみんな信じるだろうと。

そこで、私に巡ってきたというわけである。

「詳しくは言えないんですけど、半分詐欺みたいなことをやっている会社に勤めていた時期があったんです。そこが管理しているマンションがY市に何個かあって、その一つにわたしが入居することになったんです。どうしてなのかはわかりませんけど、独り者のおじいさんとおばあさんばかり住んでいて、はじめの頃なんて、わたしぐらいしか若い人はいませんでした。はぁ、あんなマンションに住んでいなければ――」

肘をさりさりと撫でながら、その夜のことをつぶさに語ってくれた。

そのマンションの三階に久遠寺さんは住んでいた。

ある日、同じ階の三〇四号室で、男性の遺体が発見された。

どういう経緯で発見されたかなどは知る由もないが、事件ではないということと、発見時の遺体がとても悲惨な状態であったということは、どこからか耳に入っていたという。

それから二ヶ月ほどして。

その三〇四号室に入居してきた人がいた。

真面目そうな印象の若い男性。

驚いた。先日、久遠寺さんの勤める会社に面接を受けに来た二十代の男性である。

一ヶ月は研修期間ということだったが――。

「これ、明らかに禊《みそ》ぎですよね。人が変な死に方をした家も、一度、入居者が入れば、次の入居者への情報開示はしなくてもいいとかなんとかっていう……不動産業界の暗黙のルールって言うんですか？」

人死にが出た部屋だということを、彼が承知していたのかは知らないそうだ。様子から、おそらく知らなかっただろうという。そういうことを平気でするような会社だったらしい。

同じ会社といっても接点はなく、久遠寺さんから彼に話しかけることはなかったし、おそらく向こうは彼女が同じマンションに住んでいることも当初は知らなかったのではないかという。

その日、久しぶりに会う友人と飲み歩いていたら終電がなくなった。諦めてさらにハシゴし、タクシーでマンションに帰り着いたのが深夜の三時過ぎ。

いくら年寄りが早起きといっても、まだどの部屋の窓も暗い。そんななか、一部屋だけ煌々と明かりを漏らしている窓があった。

三〇四号室である。

その窓は共有廊下に面したバスルームの窓で、防犯のために外側に大きく迫り出したアルミの柵があった。

――そういえば、そろそろ彼の研修期間も終わる頃かな。

そんなことを考えながら窓の前を通りかかった時である。

どん、という音に驚いた久遠寺さんは、とっさに窓のほうを見た。

曇りガラス越しに、なにかが奥に引っ込むのが見えた。

手、だろうか？

それはまた窓ガラスに寄ってきて、
どんっ
手だ。広げた両手が窓にはりつき、すっと奥に引っこむ。窓から離れる両手は曇りガラスの曇りでぼやけていく。

えっ？　いまわたし、家の中から窓を叩かれた？　あの子に？

なんで？　夜中にうるさかった？　静かに帰ってきたつもりだけど。

どんっ
だから、なにをやってるの？　なんで窓を叩くの。向こうも酔ってる？
――もしかして、なにかまずい状況になっているとか。ピンチだってことを外に伝えようとしているとか？
中の様子をうかがおうと、久遠寺さんは窓を見据える。
曇りガラスの奥から広げた両手が窓に寄ってきて、
どんっ
違う。これは手じゃない。
足だ。
ドロップキックみたいに、両足で窓を蹴っているのだ。
でも、それってどうやって――。
どんっ
久遠寺さんの脳裏を、あるイメージがよぎる。
そんなこと……でも、もしそうだったら……。
上司に電話をかけた。

「――もしもし、久遠寺です、いえ、ちょっとまずいことが、はい、研修のKくんが、今たぶん、あの、首を吊ってます、はい？　いや、わかんないです、今わたし外にいるんで、え？　すいません、ちょっと聞こえないです、電波が――ですから、窓を蹴ってるんです！　警察ですか？　ああそっか、いえまだ――きゃあっ』

電波の繋がりの良い場所を探しながら上司に状況を伝えていた久遠寺さんは、階段を踏み外して肘から転落。固定具が抜けて階段から浮いていたアルミ製の滑り止めに、肘の肉を削り取られた久遠寺さんは、マンション中に響くような叫びをあげた。

研修生の男性が部屋から飛び出てきて、大怪我をしている久遠寺さんを見ると真っ青になって救急車を呼んでくれた。

「わたしが勝手に勘違いして一人でパニクったんです。彼が首を吊っていると思ったんですから。苦しくて、足をじたばたさせながら窓を蹴ってるんだって、そんなイメージが浮かんじゃったんですよ。でも本人はその時間、スマホでゲームをしていたそうです」

救急車が来るまでのあいだ、他の部屋の人たちがいろいろと慰めたり話しかけたりしてくれた。

誰かが、久遠寺さんの肘から皮一枚でぶら下がっている肘の肉を指さし、「くっつけておいたほうがいいんじゃない」と言ったので、抉《えぐ》れた肘にかぶせて手で押さえ、その状態で救急車を待っていたという。

その後、救急車が来るまで励まし続けてくれたおばあさんと親しくなった久遠寺さんは、ある日、世間話からの流れで、三〇四号室から遺体で発見された男性のことを聞いた。自殺であったらしい。

以前から周囲に自殺をほのめかすような発言をしていたそうだが、いつも酔っている時にしかその話をしないので、誰も本気でやるとは思っていなかったそうだ。バスルームで首を吊ったとのことだった。

「その日も酔っていたのかもしれませんよね。で、いざ首を吊ったらめちゃくちゃ苦しくて、酔いも醒めちゃって、じたばたしながら窓を蹴ったのかな、ばかみたい」

研修生の男性によると、あの時はイヤホンなどしておらず、テレビも部屋にないので静かであったが、バスルームの窓を叩く音などは聞こえなかったという。

そこまで話すと、久遠寺さんはまくり上げた袖を戻し、肘を隠した。

人形のなかに

人形にまつわる不思議な体験談をお持ちだとの連絡をいただく。

現物を見せてもらいながら話をうかがう予定だったが、当日になって急遽、画像でのみの確認ということになった。

どこにでもある犬のぬいぐるみ。叶絵さんからそう聞いていたが、画像を見た私の第一声は「これは犬ですか?」であった。

もともとはチャウチャウのような、ふっくらした毛並みだったそうだが、使いこまれて、すっかり膨らみがなくなり、犬らしさがうしなわれてしまったのだというが。

犬らしさが皆無なのは確かである。

だが、それ以前の問題が生じている気がする。

お話をうかがった。

「双子の姉をうしなっているんです」

叶絵さんが四歳の時、突然死であった。

夕食後、眠くなったといってごろんと横になり、そのまま起きなかったのである。

いつも一緒にいた姉が急にいなくなる。その理由がわからなかった。

母親に訊くと、姉はいなくなってなんかないという。「この中にいるよ」と姉の大事にしていた犬のぬいぐるみを手渡された。

おねえちゃんが、クッキーのなかにはいっちゃった……。

クッキーとは、そのぬいぐるみに姉がつけた名前だった。

叶絵さんは困ってしまった。

寝る時はいつも、姉に手を繋いでもらっていた。そうしなければ眠れないのだ。でも、姉はもうクッキーになってしまった。だから、毎日クッキーを抱いて眠った。そうしなければ眠れなかった。

「すべて母から聞いたことです。姉が死んでからの私は、そういう感じだったって。姉のことは正直、うっすらとしか覚えていないんです。思い出らしい思い出もなくて。アルバムの写真や親からの話で、思い出を補正している感じですね」

昨年の初春のことだという。

その日は眠りが浅く、五分刻みで目が覚めた。

寝苦しいということもなく、眠気もあったのだが、なぜか気がつくと五分後には天井を見ている。そして、いつのまにか眠っていて、また五分後にパチリと目覚める。その繰り返しであった。

何度目かに目覚めると、消していたはずの部屋の明かりがついている。

視界の右側から視線を感じた。

怖いものを見そうな気がして、直に見ないように顔は天井に向けたまま、目の端でそちらを見る。

そこには部屋を仕切るスライド式の白い扉があり、いつも二十センチほど開けている。

そこから、顔が覗き込んでいる。

大きさが大人の握りこぶしほどしかない、幼い女の子の頭であった。

「驚きました。でも不思議と怖さはなくて。ああ、今日は姉の命日だからなって、納得してしまったんです」

姉が亡くなってから三十年目だったという。

目を閉じ、「お姉ちゃん」と心の中で呼びかけたが、そこに繋ぐ言葉はなにも思い浮かばなかった。

しばらくして目を開くと、その顔はまだいた。

姉の顔は写真でしか知らない。写真じゃない顔もちゃんと見たいなと思って、顔をそちらに向けた。

姉ではなかった、と思う。

少なくとも写真で見た、あの顔ではない。

真ん中わけの前髪。濁った白眼。

ナポリタンを食べた後のように口のまわりが朱色にまみれている。

思っていたよりも怖い顔だったので、慌てて頭から毛布をかぶると、毛布から手だけを伸ばして枕元に置いたスマホを掴んだ。毛布の中で実家の母親にＬＩＮＥを送った。

文字を打つ手が震え、何度も打ち間違えてなかなか送れなかった。

そうしているうちに充電が切れてスマホの電源がオフになってしまった。

あとは毛布の中で朝が来るのを待ち続けた。

「まったく知らない女の子だったということですか？」

叶絵さんは頷いて、「はい、その時は」と答えた。

どうも、言い方が引っかかる。

「後で気づいたんです」と叶絵さんは再び、スマホの画面を私に向けた。

先ほども見た、クッキーの画像である。

毛のふくらみが潰れ、プラスチックの鼻がとれ、瞳の剥がれたフエルトの白い目。

犬らしさが失せているどころか、まったく別のものに成り果てたぬいぐるみ。

「この顔だったんです。あの晩に見たのは」

そうか、だからか。

このぬいぐるみを犬といわれて、どうも腑に落ちなかったのだ。

なぜなら、その顔が人にしか見えなかったからだ。

母親は、この中に姉がいるといって渡したそうだが。

本当はなにが入っているのか。

その顔は、なぜ三十年目の姉の命日に現れたのか。

「クッキーなんですが、先週までうちにいたんです。でも、ぼろって、首が落ちてしまって。全体的に糸もほつれて、あちこちから綿が出ていたので、実家に送って母親に補修を頼んでいるんです」

戻って来ましたら、今度こそ連れていきますね。

ガシン採り

高橋さんの祖父・建夫さんは山陰の生まれで、住んでいた町には謂《いわ》れの不明な石仏や底なしとされる井戸、神隠し伝説といった神秘的な場所や言い伝えが多いという。

それらにまつわる、祖父が体験したという不思議な話を高橋さんはいくつも聞いたそうなのだが、どうも地元の民話集あたりから拾ったものを、ほぼ脚色もせずに語られていたらしいことが最近になってわかったという。市の観光サイトに、そのままの話があるのを見つけてしまったそうなのだ。

「小さい頃は、よく怖い話を聞かせてくれたものですが、まあ、そんな感じなんで、どれがウソかホントか。ああ、でも、『これだけは本当の話だ』って、真剣な表情でいってきた話があるんですが、それはちょっとリアルな感じがあったんで、話しますね」

建夫さんの家からは海が近く、遊ぶ場所はほとんど海岸の岩場だった。入り組んだところにある小さな場所で人目に付きづらく、今なら遊泳禁止になるような場所だろうが、当時は平気で子供たちが泳いだり魚を獲ったりしていた。

建夫さんは親からよく、「ガシンを採ってきて」と頼まれた。

岩などの上に生える海草の一種で、一般的にはイギスと呼ばれる。

飢饉の時に浜辺でたくさん採れたことから、飢饉草（ガシングサ）といわれ、その地域では約《つづ》めてガシンと呼ばれていた。

調理をせずとも食べられるので、刺身のツマなどに使われる他、煮て溶かしたイギスを固めたものは葬儀に出る精進落としの料理などによく入っていたという。

その日も親から頼まれていたので、遊び終えてみんなが帰る頃に一人海岸に残ってガシンや、その他の海草を採っていた。

海が満ちて水に浸った岩場に屈みこんで手づかみでむしむしと採っていき、口を小さく縫い窄《すぼ》めた網袋に次々と入れていく。

岩にしっかりしがみついている海草は引き剥がす時にブヅブヅと手に伝わる感覚が面白く、調子よく採って入れてを繰り返していると、グッ、と重く抵抗のあるものに当たる。

しっかり岩にしがみついているのだ。

なんのこれくらい……エイヤッと力を入れて引くと、

「ひゃあっ」

建夫さんが引き上げたのは、人の頭だった。

顔立ちのきれいな若い女性の頭で、目をぱっちり大きく見開いている。

その黒目が動いて建夫さんのことを見たので、せっかく集めたガシンも置いて逃げた。

夕闇の迫る浜を走りながら、手に絡みつく女の髪の毛をむしり取って捨てるが、これがなかなかとり切れない。そうしているうちに家に着いたので見てみたら、手に絡みついて残っていたのは、ガシンの切れ端であった。


「水死体があんなにきれいな顔をしているわけがない。それに、あれは生きていた。おれはきっと、迷い込んできた人魚の頭を引き上げてしまったんだな——そう熱弁するんです。僕はてっきり、人の生首を拾った話なのかと思わず身構えてしまいまして、そう祖父に伝えたら、そういえば首から下があったかは見てなかったなって。じゃあ、人魚って発想はどこから出てきたんでしょうね」

お祭り

福岡の田舎に住む親戚から、和田さんが二十年以上前に聞いたという話。

戦前のことだという。

椎茸《しいたけ》の採れる四月前後、村の人たちが集まる日があった。

お祭りとかオコモリといっていたが祭囃子《ばやし》などもなく、家々で寿司やら握り飯を作って、それをヒノキの薄板で作ったワリゴという箱に入れて、氏神様のところへ持っていった。

それが済むと集会場に集まって、多めに拵《こしら》えてあった寿司とにぎり飯と煮物なんかを並べ、みんなで食べるのだが、ある年、氏神様に供えるほうではない、みんなで食べるほうの握り飯だか寿司のなかに、指が入っていた。

子供の指で、そんなものが入った握り飯だか寿司が十二、三も出てきたものだから大騒ぎになった。

村の子供は一人もいなくなっていないので、どこの子供の指なのかもわからなかった。

ぬくもり

台風の多い年だったと記憶しているという。

その日は台風ではなかったが天候は大荒れで、雨と雷がすごかった。

一度はベッドに入ったものの夕華さんはなかなか寝つけず、深夜に放送していたドラマを見はじめた。

暴風の吹き荒れる外から、なにかが倒れる大きな音がする。雨風が窓をがたがたと震わせ、雷鳴がどろどろと唸《うな》っている。

「こわいの？　タラコ」

嵐に怯えて、飼い犬のポメラニアンが身を寄せてきた。

ホラーテイストのドラマなので、ちょっとこわくなっていたから、タラコの小さい体から伝わってくる震えと温みがなんとも愛しくて、頼もしい。

そろそろ、ドラマも佳境に入ろうという時。

急に音声が聞こえなくなった。

映像は出ているので停電ではない。放送局側の問題かとチャンネルを変えるが、他の放送局でも音声が出ない。どうやら、テレビの故障らしい。

「えぇぇー、そんなぁ……これからって時なのにぃー。どうしよう、テレビ買い替えるお金なんてないよぉー」

なんとか復活を願って、リモコンを向けて電源を入れたり消したりしていると、
どっどっどっどっ
重たそうな足音が部屋から出ていった。

「えっ」

音の去っていった廊下のほうへ反射的に視線を振ると、ベッドから飛び降りたタラコが音を追うように部屋を駆け出ていった。

「いっちゃだめっ、タラコ！」

すぐに追いかけたが、タラコの姿がどこにもない。

名前を呼びながら家中を探したが、見つからなかった。

開いているドアも窓もなく、抜け出られそうな穴や隙間もない。たとえあっても、臆病なタラコが嵐の中、外へ出ていったとは考えられない。それでも外へ出て、吹き荒れる雨と風の中でタラコの名を呼んで、家のまわりを探した。

タラコは姿を消してしまった。


その夜から一年経ったぐらいから部屋に一人でいると、時々なのだが、そっと寄り添う温もりがあるという。

引っ越してからもたまにあったのだが、半年くらいでパタリとなくなったそうだ。

あの嵐の夜にタラコはなにを追いかけ、どこへ行ってしまったのか。

臆病なタラコのことだから、今もどこかでこわがっているかもしれない。

あの時に聞いた足音が、憎くて憎くてしょうがないという。

玉砂利

仕事から帰るとコウジさんの家の玄関の門が全開になっている。

娘たちだな、と思った。

二人とも酒を覚えてからというもの、毎晩のように友達と飲み歩いては遅い時間に帰るようになった。もう大人なのでいちいち説教はしないが、前後不覚になるまで酔って帰るのは本当に心配なのでやめてほしかった。
二、三年前から、コウジさんの家の周辺では不審者の目撃が増えている。
若い女性が執拗に後をつけられたとか、刃物を持っている男がいたといった物騒な噂が時々、耳に入ってきた。大きな事件は起きていないが、まだ起きていないからこそ娘たちがその最初の被害に遭うかもしれないではないか。

家族たちは寝ているだろうから静かに家に入ると、待ちかねていたように二人の娘と、少し遅れて妻が玄関まで迎えに出てきた。

「鍵っ、はやくかけてっ、はやくはやくっ」

おかえりの言葉もなく娘たちに急かされ、言われるままに玄関ドアの鍵をかける。

「どうした?」

「いま、門、開いてなかった?」

開いていたぞ、と返す。娘たちは見たところ酔ってはいないが、顔色が悪い。その様子から察し、何かあったのかと妻のほうに訊く。

「さっきまでね、変な人がうちに来てたの」

一時間ほど前、娘たちがたまたま家の監視カメラのモニターを見ると、不審な人物が映っていたのだという。

顔は見えなかったが男で、服装から見て若そうではなかった。いつからいたのか、すでに門を開けて玄関アプローチにまで入ってきており、どこか一点をじっと見つめていたり、少し移動したりと目的不明の行動をとっている。そのうち何をするでもなくアプローチに敷いている玉砂利のあたりを十分ほど見つめ、立ち去った。

という話を録画した防犯カメラの映像を見ながら聞いていた。

「なんなんだ、こいつは。そういう時はすぐに警察を呼ばないと」

「そう簡単に言わないでよ」と娘たち。

敷地に入り込んだだけならば、警察に連行されても、きっとすぐに釈放される。その後に逆恨みで何をされるかわからないというのだ。

娘たちは冷静だった。たしかに火などつけられてはたまらない。

もうすでに、家に何かをされているかもしれない。

コウジさんは懐中電灯を持って、玄関の外周辺を確認した。

とくに大きく気になる点はなかった。

が、男がじっと見ていたという玉砂利を敷いたあたりに少々違和感を覚える。

玄関アプローチは門から入って途中から一段あがっており、そこから玄関扉まで敷石の道が通っている。敷石の道の両側に玉砂利を敷いてあるのだが、そこに明らかに何者かが踏み入ったような窪んだ形ができているのである。普通に門から入って玄関ドアまで移動するなら、ここを踏むことはない。

防犯カメラの映像を見た限りでは、不審人物はここまでは入っていなかった。だが、気づかなかっただけで、もっと前の時間にも来ていたのかもしれない。

そこで録画時間を遡って確認してみたが、不審人物がコウジさん宅の敷地に入ってきたのは、娘たちの見たあの一度だけであった。

映像を再び確認した時、気がついたことがあった。

娘たちは、不審人物が玉砂利のところを十分ほど見つめていたといっていたが、よく見ると見つめているだけではない。口元が動いている。

声など聞こえないし、何を言っているのかもわからない。あるいはガムでも噛んでいるのかもしれないが、少し気になった。

また来るかもしれない。映像で証拠を残せても家族が傷つけられては意味がない。

防犯対策を見直さなければと考えていた、ある日。

近所の人から聞いたという妻の話で、例の不審人物が何者かがわかった。

同じ町内に住んでいる五十代男性、M。

知らない名前ではなかった。

コウジさんの妻が、Mの妻と親しくしていた時期があったからであるが、まさかその夫が深夜の不法侵入者だとは思わない。

Mは他にも数軒の家に不法侵入し、その家の住人とトラブルになっていた。といっても屋内に侵入したのではなく、コウジさん宅の件同様、玄関周辺や庭といった屋外の敷地に踏み込み、そこで何をするでもなく、しばらくすると立ち去るのである。

近隣住人によると、Mは数年前に妻を亡くし、それから挙動がおかしくなったそうだ。最愛の伴侶を亡くし、精神的に不安定になるのもわかる。

そういった事情も汲まれ、また他に被害も出ていないことから、大きな問題にされなかったのだろう。だからコウジさんたちも他でのトラブルについては知らなかったのだ。

憐れむべきことではあるが、だからといって他人の家の敷地に入り込んでいい理由にはならない。

だが、Mにはどうしても、そうしなければいけない事情があったようなのだ。

彼は一人で家々を回っていたわけではなかった。

妻と親しくしてくれた人たちの家々を、「妻とともに」まわっていたらしい。

そして、妻のあいさつ回りに付き添っていた。

と、M本人が言っていたそうである。

コウジさんは玉砂利の窪みを思い出し、彼の言葉はあながち嘘ではないのではないかと思った。妻は、あの玉砂利に立っていたのかもしれない。

しかし、数年前に死んだ妻が、なぜ今になって――という疑問は残った。

その後、Mは自宅の玄関先で首を吊った。

やるべきことを終えたから、妻の元へ行ったのか。

あるいは、妻が彼を連れて行ったか。

家の前でぶら下がる彼を不幸にも目にしてしまった人は、往来に向いて頭を垂れているその姿を見て、「ごめいわくをおかけしました」と住人たちに謝罪しているように見えたそうだ。

合同レクリエーション

ゆかりさんが小学五年生の時に行った林間学校での体験。

泊まったのは富山の山間部にある宿泊施設。

まわりになにもないところにポツンとある、教会のような形の建物だった。そこの建物の所有かは不明だが、全身が緑色の人の像があったのを覚えているという。

二日目の夕食後、肝試しをすることになった。

といっても、作り物のお化けや仕掛けが用意された本格的なものではない。ジャージ姿の先生が木陰に隠れ、児童たちが通ると飛びだして脅かすのである。

男女で別れて班を作り、指定された簡単なルートを懐中電灯片手に移動する。

暗いだけで、ゆかりさんはあまり怖くはなかったが、他の子はそうでもないようで、ぐいぐいと身を寄せてきて、なにもないのにナニかがいると指をさし、小さな物音でもすれば黄色い悲鳴を上げてしゃがみこむ。だから、なかなか先に進めなかった。

金網で囲われたなにかの建物の横を通った。

その途中にある消火栓とホース格納箱の陰から、小柄な男の子が半身を覗かせている。

ゆかりさんが見ていると、ゆるゆると格納箱の陰から出てくる。

顔が白塗りで、目をつむり、幽霊のように手を垂らしている。

見覚えのない子だった。当時、人気だったタレントの欽ちゃんに顔が似ており、悪くいえば老け顔なのだが、体は一、二年生くらいに見える。そのアンバランスさが印象的だった。

お化けは先生たちだけかと思ったが、この子もお化け役なのか。

なにか動きを見せるわけでもないが、白塗りにしてこうして立っていられるだけなのに、ゆかりさんにはとても怖く見えたという。

でも他の子たちの反応はというと、その男の子を見た瞬間は驚くが、あとは笑っている。

なにがおかしいのか？　なんにもないところにビビっているほうがおかしいのに。先生が出てくるより、この子のほうがよっぽどお化けらしくて怖いのになあと首を傾げた。

最終日の帰りの時に他のクラスを見たが、そのお化け役の子は見つけられなかった。

背の順なら間違いなく一番前だから、すぐに見つかると思っていたのに。

ゆかりさんは六年生になる。

この学年になると月に一度、一年生との合同レクリエーションというものがあり、一年生の教室まで迎えに行ったり、手を繋いで近場の山へ遠足に行ったり、というように六年生が一年生の面倒をみる。

組み合わせが決まっており、六年二組のゆかりさんは、一年二組の男の子。

相手の男の子を見たゆかりさんは「あれ?」となった。

林間学校の肝試しで見た、あのお化け役の男の子なのである。

白塗りでなくともわかる。特徴的な目や、顔全体の欽ちゃんっぽさが、もうあの子だ。

久しぶりに見たのに、すぐにわかったのだからこれはもう間違いない。

いや、でもそれだとおかしい。

林間学校の時、ゆかりさんは五年生。

この男の子は、まだ小学校に入学していない。

ああ、そうか。

きっと林間学校で泊まった、あの教会みたいな建物の近くに住んでいる子だったんだ。引っ越したから、こっちの小学校に入学したんだよね。あの時のお化けの子だよね。

と、男の子に訊ねるのだが、林間学校がなにかもわからないし、引っ越しなんてしてないし、お化けってなんのことだろう……そんな困った顔で、ただ首をぶんぶんと横に振るのであった。

マッチ箱

十年前にオタルさんが体験した。

母親に頼まれて祖父が使っていた部屋の片付けをしていたら、古そうなトランクが出てきた。

祖母が亡くなってから、祖父はよく一人で九州を旅していた。その時にいつも使っていたものだ。

なにが入っているのだろうと開けてみる。

中には祖父の旅の思い出がたくさん詰まっていた。

案内所でもらう観光スポットのマップがついたパンフレット。名所の名が刻まれたキーホルダー。お土産店で余計にもらった紙袋。宿の名が入った絵葉書。そして、たくさんの写真。

心の穴を埋めるための旅だったのだろうが、写真を見ると宿の人や観光客、様々な人たちといい笑顔で写っている。けっこう、一人旅を満喫していたんだなぁと、なんだか嬉しくなった。

ビニール袋に入っているものがある。柄の入った紙で包んで紐で縛られたもので、振ると軽く、がらがらと音がする。紐をほどこうとするが結びが固く、鋏《はさみ》で切った。この厳重さは気になる。

包んだ紙を広げると有名な老舗デパートの名前が入った紙袋。その中にたくさんのマッチが入っている。みんな箱マッチだ。

——ああ、こういうの、じいさんって、集めていたりするよな。

旅先で入った喫茶店やスナックでもらったものだろう。マッチラベルにある店の名前やイラストがダサく、昭和っぽさの味があっていい。

振ると、からからと鳴る。

マッチが残っているのかと一つを開けてみると、中にはパサパサした感じの細くて白い塊と、白色と茶色の混じった粉が少量入っている。なんじゃこりゃと、まじまじと見たが、わからない。においはない。

別のマッチ箱を手に取り、中箱を引き出す。

「うえっ、なんだよこれ」

さっきとはまた違うものが入っていて、思わず放りだすところだった。あぶない、あぶない。こんなものをこぼすわけにはいかない。

箱マッチは十六箱。すべて、中身を確認した。

四箱は、さっきも出てきた白い変な形の塊と粉。

四箱が髪の毛、三箱が切った爪、二箱が汚い歯。あとは空箱が三個。

爪や歯のサイズから多分、子供のものではないか。

リビングで飲んでいる父親に見せると、マッチ箱の中の細くて白い塊を見て、

「これは臍《へそ》の緒だな」

おそらく固まってから砕いて小さくし、マッチ箱に入れたんだろうと。しかも、一つを四個に小分けされているのではなく、四人分の臍の緒があるようだといった。

「じゃあ、一個は親父の？」

「いや、俺の臍の緒は、おふくろが別に保管していたはずだ。兄貴のでもないだろうし。これが俺たちのものだとしても、あと二個は誰のものだって話になる。こんなマッチ箱

に名前も生まれた日も書かずにしまい込んであるんだ。きっとおふくろも知らないものだろうな」

「隠し子？」

父親は微妙な顔をする。祖母と結婚する前のことか、不貞を働いた結果か、いやいや、どちらも祖父の真面目な性格からは考えられないという。

では、血の繋がりのない子供の臍の緒を四つも保管しているのか。

「捨てろよ」と父親。

「祟られないかな」

呆れ顔の父親に、こんなようなことを言われた。

——あのな。別に死人からとってきたわけじゃないだろ。そんなに怖がる理由がわからない。臍の緒は子が無事に生まれたという証だろ。この歯が乳歯なら、それだけ成長をしたという証だ。どっちも『生』を表すものじゃないか。どれぐらい前のものかわからないが、持ち主はまだピンピンしている可能性もある。

だから祟られやしないから捨てろよ、と父親は言うのだが——。

誰のものかもわからないものを、おいそれと処分はできない。

あのトランクの中に入っていたということは、祖父の九州旅行と関係があるのかもしれないと思った。あのたくさんの写真の中に、臍の緒の持ち主が写っていることもあるかも。

オタルさんはしばらく考え込んだ末、マッチ箱はあったところに戻そうと決める。デパートの紙袋に入れて、入っていたビニール袋にくるんで祖父の部屋に行くと、部屋の中が白んでいて、なにか焦げ臭い。

開いたトランクの中から白い煙が立ち昇っている。

慌ててキッチンから水を入れたアルミ鍋を持ってきてトランクの上でひっくり返した。ジュッという音はしなかった。すでに火は消えていたのかもしれない。

トランクの中のパンフレットや絵ハガキや写真は、無残にも真っ黒に焦げていた。たっぷり水もかけたので悲惨な状態だった。

なにごとかと部屋にやってきた父親も目を白黒させた。

「どうなってるんだ？　あっ、マッチか？」

いや、ない。だってマッチは一本も残っていなかった……はずだが、自信がなくなってきた。気づかなかっただけで、トランクの中に落としていたのかもしれない。それでも、マッチ単体で火がつくだろうか。

それから一時間ほど父親と二人で、救出できる写真を見つけようとトランクから少しずつ写真を取り出した。あんなにいい笑顔で写っていた祖父の顔はどれも黒く焦げ潰れているか、背景とともにごっそり焼け崩れて落ちてなくなっており、まともな写真は一枚も残らなかった。

マッチの燃えさしも見つからず。火が出た理由がわからない。

「怒ってるなぁ」

父親が半分だけ焼け残った写真をオタルさんに見せてきた。

焼けたのと濡れたのでゴミみたいになった写真から、半分焼け焦げた祖父が引き攣った顔に片目だけぎょろりと剥いて、オタル氏を睨んでいた。さっきは、こんな写真はなかった。

「余計なものを掘り返すなって顔だな。焼けたのはたぶん、オヤジの証拠隠滅だよ。なにかを知られたくないんだろうから、写真と一緒に臍の緒も寺かどっかで焼いてこいよ」

今度は父親の言葉に従うことにしたという。

これは本物

アウトレット雑貨のショップで働いていた近藤さんという女性から聞いた。

その店では週に二、三度、大量にDVD-Rを購入していく客がいた。

登山者が使っていそうな縦長の大きなリュックサックを背負っていて、袋はいらないというのでテープを貼らせてもらおうとすると拒否される。コンビニ袋などが有料化される前である。

買った商品をリュックサックに入れるわけでもなく、両手に抱えて、いそいそと店を出ていく。

「店のなかでよく話題にのぼる人でした。いやらしいDVDをコピーして売っている人じゃないかとか、お店のある地域が治安の悪いところなんで、死体とかグロ映像とか撮って裏で売ってるんじゃないかとか、好き放題いっていました。確かに挙動を見ているとヤバそうなにおいがぷんぷんしていましたけど、ただDVD-Rを大量買いしているだけですからね。お客さんに対して失礼な話ですよ」

近藤さんはこう思うようにしていた。映像系の仕事か、趣味でいろいろ撮りためている人なのだろう。変態っぽく見えて、実はすごいクリエーターということもあるし。


その日もDVD-Rを大量に購入していく客が来店した。

だが、いつも来ている人と――違う？

いつも来ていたのはふくよかな体型の客だが、その客は中肉中背。それだけで別人のように見えるが、服装や挙動はいつもの人だった。

ダイエットでもしたのかな。それにしては痩せ方が急な気がする。

先週、来店した時はこんな感じではなかったような……。

この日は、いつもより多めにDVD-Rを購入していた。

両手で抱えて持っていくにはさすがに無理があると感じたのか、リュックサックを下ろし、中身をいったん出して詰めなおし、購入したものをそこに何個か詰めると、後は両手に抱えて足早に店を出ていった。やはり、同じ客のようだ。

近藤さんは、先ほどの客が荷物を出し入れしていたサッカー台に、なにかがあるのに気づく。ジャケットの入っていない、白いDVDケースである。さっきの客の忘れ物だ。リュックサックの中身を出し入れしている時に入れ忘れたのだ。

外に出て先ほどの客を探すが、もう姿はなかった。

どうせ二、三日すればまた来店するだろうから、その時に渡せばいいかと、バックヤードの棚に置いておいた。

その日の仕事終わり。

DVDケースを見つけた若い女子店員が、「あ、これがさっき言ってた?」と手に取り、ケースの中身を見た。

ディスクにはマジックで『本物』と書かれている。

「タイトルがAVっぽいですね」

「ならまだいいけど、リアル犯罪って意味だったらどうする」

「あたし、見ていいですか?　明日持ってくるんで」

「いいけど、グロいのだったらどうするの?」

「けっこうグロもいけるんで」

翌日、その子が店に来ると、うかない顔でＤＶＤケースを棚に戻した。

「自主制作のホラー映画っぽいです。ほとんど誰も出てこなくて、きったない家の中をずっと、撮影してる人がカメラできょろきょろとなにかを探してて。画面がぶんぶん振られるんで酔っちゃいましたよ」

モキュメンタリーというやつだろうか。

じゃあ、あの客は映画監督志望？

映像の中で撮影者は、ずっと独り言でなにかを言っているが聞き取りづらい。

時々、なにかを見たのか、急に走っていって、またきょろきょろと探すが、なにもいない。そんな映像が十五分ほど続き、このままなにも出てこないで終わるのかと思ったら、最後の十数秒で、地味な服を着た四、五十代くらいの同じ顔の女の人が何人も出てきて、よくわからないまま終わるのだという。

「意味がわからないですよ。一応全部見ましたけど、時間の無駄だったぁ」

近藤さんもこのＤＶＤを持ち帰って見てみたのだが、確かに素人が一人で撮ったような映像で、最後の最後で、とっくりセーターを着た、まったく同じ顔の中年女性が同時に何人も現れ、なにが始まるのかと思ったところで映像が切れた。

件の客はその後、何度か来店した後、パタリとこなくなった。

ＤＶＤは誰かがその客に返したのか、気がつくと棚から消えていたという。

その店を辞めてしばらく経った頃、地元の駅のホームで電車を待っていた近藤さんは、偶然にも例の客とばったり会った。

体形は元のふくよかな、もう少し太ったかなという感じで、近藤さんに手をあげて近づいてくると、同じ電車に乗るようで隣に来たのだという。そんな気やすい態度をとるような人ではなかったので面食らっていると、

「あれ、ほんものですから」

唐突にそう言われた。

そこから会話が続くこともなく、電車が来るまでひじょうに時間が長く感じたそうだ。

移植

元さんの祖母は怒ったことのない、いつでもニコニコとしている人だった。

子供の頃は母親よりも祖母にべったりで、ずっと後をついて歩いていた。

そんな元さんに祖母はよく、「立派な人になんなさいよ」といった。

真面目に生きて、えらい人になんなさい、そういって頭を撫でてくれたという。

「それなのに、新聞に載るくらいの問題を起こしてしまいまして――」

詳しくは書けないが、元さんは高校生の頃にある事件を起こしてしまい、自主退学していた。

我が家の恥――そういって、母親は元さんをいつまでも許さなかった。

事あるごとに、この話を持ち出して強い口調で責め立てる。

ある日の夕食時にはそれがヒートアップしてしまい、元さんの人格を否定するだけでは済まなくなり、彼を甘やかしたせいだと祖母のことまでも悪く言いだした。

いつもは黙って下を向いて聞いていた元さんも、ついにカッとなって言い返してしまい、そこから激しい口論となった。

「母の言葉を何倍にもして言い返してしまったんです。もちろん、それに対して母も言い返してくるんですが、そのうち母も言うことが尽きてしまって……それでもまだ腹の虫がおさまらなかったんでしょうね」

顔を真っ赤にし、マグカップを元さんに投げつけてきた。

すんでのところでかわしたが、避けた場所が悪かった。そこはキッチンで、そばには油の入った鍋がコンロの火でぐらぐら煮立っている。飛んできたマグカップを避けた時に振った腕がその鍋に当たり、跳ねた油が手にかかった。

「ぎゃあああ」と叫んで屈みこむ元さん。

母親が大慌てで駆け寄った。

左手の甲は、かぶれたみたいに真っ赤になった。

はじめはその程度だったが、日が経つごとに色が悪くなり、甲の皮膚が固くなって浮いたようになった。拳を作ろうとすると、その部分の皮膚が突っ張って、物を掴むのに支障がでてしまう。

不幸中の幸い。

この火傷《やけど》のおかげで母親が退学の件で責めてくることはなくなった。

だが、今度は腫物を見るような目で見られるようになる。

「僕が帰ってくると、家がシーンとなるんです。それまでしていた会話が、僕が『ただいま』って帰ってきたら、ピタリと止まる。父親は基本、母親側なんで一緒に僕のことは無視してましたし、姉とはずっと仲が悪いんで、すごい空気でしたね、家は」

家の中で唯一の味方は、玄関まで笑顔で出迎えてくれる祖母だけだった。

そんな元さんに彼女ができた。地元の後輩だった。

冷戦状態の家には呼びたくなかったが、金もないので家で遊ぶしかない。家に来たら家族に会わせないよう、すぐ自分の部屋に入れて、帰る時も誰もいないのを見計らって帰した。

ある日曜、彼女が遊びに来ていたが、横になっていたら眠ってしまった。

目覚めると夕方。

ゲーム機で遊んでいる彼女の背中がある。

「悪い、寝ちった。昨日、あんまり寝てなくって」

「いいよ、ゲームしてたから。それより、おばあちゃんいたんだね」

「ん？　うん」

「やさしそうじゃん」

「この家で、俺の唯一の味方。今年の初めに死んじゃったけど」

彼女が「え？」という顔で振り向く。

「じゃあ、違う人かな」

元さんが寝ていたら、おばあさんが部屋に入って来て、彼の手をしばらく握っていたという。挨拶をしたら、笑い返してくれたと。

そういうことをする人に、まったく心当たりがない。

「それって母ちゃん……なわけないな」

「うん。おばあさんだったよ。白髪の」

うすら寒くなった。

家に遊びに来るような、おばあさんの知り合いはいない。

母親の知り合いにしても、〈我が家の恥〉の息子には会わせたくないだろうし、部屋に勝手に入らせるのも変だ。寝ている自分の手を握るとか気持ちが悪すぎる。

まさかと思ったが、祖母の写真を見せると、彼女は表情をこわばらせた。

「この人だよ……どういうこと？」

それはこちらが聞きたかった。


その後、火傷をした左手の甲は肌質が大きく変化していった。

硬く厚くなっていた皮が柔らかくなり、浅黒い肌は白くなった。

握る時に皮膚が突っ張らなくなったのはいいが、握力が極端に落ちた。

やがて皮膚はどんどん弛んで皺《しわ》が増え、老人の手のようになった。

その手で触られるのを彼女はとても嫌がり、それがきっかけで別れた。

痛々しい火傷を見て、優しい祖母が自分の肌を移植してくれた――。

と、思いたいが、こうも考えられる。

「立派な人になんなさい。真面目に生きて、えらい人になんなさいよ」

その言葉を裏切り、問題を起こして学校を退学。家庭に不和をもたらせた。

そんな孫を許せず、己の愚行を忘れぬよう、一生残る跡を手の甲に縫い付けたのではないか。

天狗

岩田良子さんの実家は島根の山奥にある。

その山には天狗伝承が複数あり、町史を開けば名の頭に《天狗の》とつく場所がいくつも見つかる。

自治体の付けた地名などではなく、昔の住人が暮らしの中で道の標《しるべ》として付けたであろう名で、山の中にある難所、特徴的な岩や樹木、開けた場所などが主である。

その各々には天狗にまつわる言い伝えがあって、中には天狗の仕業とされているが、伝承には天狗の要素がまったくない怪談めいた話もあって、興味深い。

岩田さんは天狗を見たことがある。

高校生の頃だというから二十年ほど前のことである。

年越しの夜、飼い犬のシロがオシッコに行きたがっている様子なので外に連れ出し、庭木のところでさせていた。夜気が冷たく沁みるので、歩かせるまではしたくなかった。おじいちゃん犬だから切れが悪いのか、おしっこが長い。

寒いから早くしてよと座り込むと、しゃりんしゃりんしゃりんと大きな音が家の裏手から聞こえた。音はなかなかの速さで岩田さんの後ろから彼女の耳のそばを通って、前方にある木に向かって逆放物線を描くように上がっていった。

それは、魔法瓶ほどの大きさの人で、着ている白装束もそのサイズ。羽があるわけではなく、ムササビのように、すぐそばにある大木の樹冠に飛び込んだ。

しばらくして、真っ暗な樹冠から、ぽこんと青白い小さな顔が出てきて、それがどう見ても二週間前に亡くなった祖父だった。

「もっていくから」

がさついた息漏れ声でそういうと、祖父の顔はぽこんと引っ込んで見えなくなった。

家に帰ってこのことを親に話したが、死んだばかりの祖父を化け物のようにいうなと激しく怒鳴られた。

その幾晩か後にシロの様子がおかしくなり、玄関のあたりを行ったり来たりした後、ぎゅっと縮こまって座布団の上で死んだ。

シロは祖父が飼っていたから、持っていったのだなと思ったそうだ。そう思わねば、祖父を怖いと思ってしまうからだ。

全国の天狗伝承がそうだとはいわないが、この地域では、死んだ人の顔を持つああいうものを天狗と呼んでいたのではないかと岩田さんは考えたそうだ。

ガキ

ある地方都市Kの話。

そこはマンション不況の影響が著しく出た地域で、空き室ばかりで廃れてスラム化したマンションが多い。

当時、不動産関係の仕事に就いていた平田氏は、同じ業界の大先輩からこの地域の深刻な状況を訊きおよび、後学のためにとその地に赴いた。

空き家率の高いマンションは犯罪が起きやすく、内でも外でもトラブルを生みやすい。管理が行き届かなくなるため外装が劣化し、傍目《はため》にも荒廃がわかってしまうため、空き巣に狙われやすくなる。また、死に場所を求めている者のアンテナにひっかかって、そういう人間を外から呼び寄せて死人を長らく抱え込んでいることもあるそうだ。

「頑張って残っている住人にはいい迷惑ですね」

私の言葉に、平田氏は「彼らも同じだよ」と言った。

そういうマンションの残留者は、頑張っているのではなく、逃げたくてもそれさえもできない状況にある人が多いそうだ。だから、いつ消えるか死ぬかわからない、幽霊みたいなものだという。

そんな平田氏がたった一度だけ、本物を見たことがあるという。


正午をまわった頃だった。

先輩に教えてもらったスラム化目前のマンションを見に行ったのだが、その玄関口脇のポールとチェーンで囲んだスペースに、きれいにラッピングされたミニブーケとコアラの絵柄の菓子が置かれていたので、気になって立ち止まった。

そこはおそらくゴミ回収車が乗り入れるスペースだろうが回収時間はとっくに過ぎており、花もここ二、三日中に置かれたように色鮮やかである。

この場所で人が死んだのか。

「よいしょっ」とチェーンを跨いで、ボーダーシャツ姿の小学生くらいの男の子が、そのスペースに入りこんだ。なにをするかと思えば、ミニブーケを踏んだり蹴ったりしだした。

「おいガキ！」

怒鳴ると男の子は後ろに倒れ込むようにして消えた。

初めて見た幽霊なのに、怒鳴って追い返しちゃったよと平田氏は笑っていた。

家紋

ある年の初夏、あかりさんの顔がひどく腫れあがった。

もともと肌が弱いのだが、この時は肌荒れなんてものではなく、人相がまったく別人のものになるほどに変わり果ててしまったのだそうだ。

見た目だけでなく、口の中や鼻の粘膜も弱くなり、血が止まらなくなった。瞼《まぶた》も腫れて分厚くなって開きづらくなり、眼球の表面にべたべたする白い膜が張る。

医者にみせても原因がわからず、これでは月に一度のまつ毛エクステもあきらめなくてはならない。困ってしまった。

「じつは原因はわかっているんです。でも、それを原因と言い切っちゃっていいのか、まだわからなくて」

京都で映像関係の仕事をしていたあかりさんは、ある年、会社の事情で東京の系列会社に異動となった。

東京の暮らしに不満はなかったが、どんどん本当にやりたいこととは違うほうへいっている気がし、仕事を辞めるかどうかで毎日悩んでいた。彼女には、日本を出て、もっと広い舞台で映像の仕事をしたいという大きな夢があった。

そんな時、あかりさんにとんでもない朗報が入る。

ダメもとで応募していたものが当選したのである。

それは、アメリカに外国人が永住できる権利。当選確率は極めて低く、ほぼ諦めていたので、この時の彼女にとっては奇跡以上の出来事だった。

これでようやく夢への第一歩をふめる。

本社に事情を説明し、京都に籍を戻してもらった。辞めることも伝え、後は期限内にビザ申請をするだけだが、今までお世話になった恩がある。最後にきっちりと仕事をやって終えたかった。

そこで最後に回してもらったのが、岡山での撮影だった。

現地入りしたのは、あかりさん、京都本社のスタッフS美、そして社長夫人の三人。

社長夫人は元モデルで、大人の女性の魅力溢れる、なにをしても様になる人。S美は見た目がギャル系なので現場ではちょっと浮く。あかりさんは自称・地味っ子。今思えば、かなり不釣り合いな見た目の組み合わせだった。

この撮影は地域のPR動画の一環で、撮影場所は社長夫人の実家のそば。

宿泊場所は、社長夫人の実家だった。

由緒正しい家柄――そう思わせる立派な門構えのお屋敷であった。

独特なにおいの香がいたるところで焚かれており、あかりさんはこじんまりした畳敷きの客間を使わせてもらった。

その客間と大玄関を繋ぐ廊下の途中に、刻印の入ったプレートを中央に据えた扉がある。

――これ、家紋かしら。

やはり、由緒ある家なのだろう。すごい血筋なのかもしれない。後で調べてみようとスマホで撮っておいた。

贅沢な山の幸と酒を振る舞われ、近所の温泉で疲れを落とした後、広間で翌日の撮影スケジュールを三人で詰めていた。

すると、「あら」と社長夫人がまじまじと、あかりさんの顔を見つめてくる。

ディズニー映画に登場する美人の魔女のような整いすぎた顔に直視され、おもわず視線をそらしてしまう。

「あかりさん、肌荒れがやばいね」

「ああ、はい……。とくに最近は荒れちゃって。寝不足もあるかも」

「なおさないとね。ちょっと、こっちに座って」

なおす？

顔のマッサージでもしてくれるのか。いや、上司の妻にそれは――。

言われるまま、社長夫人の前に座る。

社長夫人は自身の右手と左手の指先と指先をつけ、ゆっくりと両手をはなすと、今度はその手をあかりさんの顔に近づけ、肌に触れるか触れないかの絶妙な間隔を保って彼女の顔の輪郭をなぞるように撫でる所作をした。

「しずまれ、しずまれえいいぃ」

普段の艶めいた声からうって変わり、低く太く、妙な調子とこぶしのある掛け声だった。

同様の行為と声掛けを一時間ほど続けられ、あかりさんは疲れきっていた。

あかりさん以上に疲れた顔の社長夫人は、額にびっしりと玉の汗を浮かせ、頬を紅潮させ、息が熱い。

「はい、これでなおるから」

手を下ろした社長夫人は長大息をもらすと、顔を洗ってくるといって部屋を出ていった。

あかりさんはへたりこむと、そばで一部始終を見ていたS美に苦笑いした。

「よくじっと見てられたね。別に部屋に戻って休んでてもよかったのに」

「ううん、なんかいいなあって思って」

「ええ？　いいの？　変わってるね。今のってなんだろ。気功かな？」

そんな感じじゃないの、とS美は笑っていた。


翌朝、あかりさんは目覚めてすぐ、顔の異変に気づいた。

肌がひりひり痛み、瞼がなかなか開かず、首から上だけの微熱が不吉である。

洗面所へ駆け込んだあかりさんは鏡を見て我が目を疑う。

「ぎゃあああっ」

こんな悲鳴を上げるなど最初で最後だろう。

そこに映っているのは、焦げ脹《ふく》れたハンバーグであった。

倍近く顔が腫れあがり、鬱血したように肌の色が悪い。

瞼や唇が灰紫色に腫れて、重みで垂れ下がっている。

就寝中に鼻血が出たのか、鼻孔周辺に乾いた血がこびりついていた。

化け物だ。

人の顔の原形がどこかにいってしまった。

どうして？　昨日食べたなにかがヤバかった？

疲労で免疫が下がってアレルギー症状が出てしまったのか。でも、ここまで変貌するものだろうか。

こんな状態では仕事などできない。本社から他のスタッフを呼ばなければ。

まず社長夫人とS美に伝えようとＬＩＮＥに送るが既読にならず、電話にも出ない。

二人を探しに出たが、この家は部屋数が多すぎて、居場所の検討もつかない。

ＬＩＮＥを見たら連絡が来るだろう。

それまで待機していようと部屋に戻る途中、例の家紋のある部屋の前に差しかかると、先ほど通った時は気づかなかったが、僅かに扉が開いている。あるいは通った後に開いたか。

誰かいるのかな。

そっと中を覗きこんだあかりさんは、その光景に困惑する。

道場のような広い板張りの広間があり、中央に六畳もないくらいの一段高い場所がある。その上に社長夫人が正座で座っており、夫人の前には膝立ちして彼女の頭に手を置いているS美の姿があった。

S美の表情はまったくの無。こんな彼女は見たことがない。

社長夫人は恍惚《こうこつ》とした表情をしており、まるでS美から施しでも受けているように見える。

年齢も立場的にも社長夫人が圧倒的に上だが、ここだけを見ると二人の上下関係は正反対に見える。

なにか、様子がおかしい。

社長夫人が立ち上がろうとして何度も膝をつき、なかなか立てない。S美に手を伸ばし、首を横に振りながら、「もういい」「やめて」と言っているように見えた。

これは見てはいけない光景だ。

本能的にそう察し、急いで自分の部屋に戻った。

二人はなにをしていたのか。頭の中で先ほど見た光景を反芻《はんすう》していると、S美が部屋に来た。

「もう起きてたんだ？　わたしも早く目が覚めちゃって。朝ごはんまでまだ時間あるみたいだから、ここにいていい？」

S美はギャルの表情に戻っていた。それが怖い。

自分のこの腫れあがった顔を見てノーリアクションなのも怖かった。

隠し通す自信がなく、あかりさんは先ほど見た光景について訊ねた。

S美はギャルの表情を残したまま、見ちゃったんだ、と笑う。

「まあ、隠すことでもないんだけど、驚かせちゃうかなと思って。怪しいものじゃないから安心して」

社長夫人の実家は、ある宗教に入信しており、かなり上の立場にあるという。

S美の母親も同じところに入っていて、社長夫人とは知り合い。しかも、社長夫人よりも格段に上の立場らしい。

「はっきりいうとコネで入ったの、今の会社。でも、いろんな意味でわたしのほうが上だからさ、だから、あかりさんに昨日やってたヤツ、あれはさすがにないわって思って、叱っておいた」

社長夫人は「自分は未熟でなおせなかった」とS美に弁明したそうだが、明らかにあかりさんに対する悪意を感じたので問い詰めたら、まんまと白状したらしい。

その内容を聞くと会社を辞めづらくなると思うから言わないと告げられた。

社長夫人は朝食の場にも顔を出さなかったが、撮影現場には来た。

いったいなにが起きたのか、彼女の顔はモアイのように変わり果てていた。

なにが？

「コロナ前の話だって言っておきますね、一応」

その日、夢美さんは夕方から急にゾクゾクしだし、発熱した。

測ると三十七度。平熱が低いので、これでも高熱の辛さだった。

足の裏や手の平が猛烈に痒くなって、あっという間に三十九度にまで上がると、食べたばかりの夕食をすべて吐いた。視界も霞《かす》んできた。

明日は絶対に空けることのできない大事な案件の会議がある。朝には熱が下がっていることを祈り、スポーツドリンクと抗生物質を摂って早めに床に就いた。

息苦しさに目覚めると、夢美さんは理解しがたい状況になっていた。

ベンチに座るように、自分の腹の上にネグリジェ姿の人が腰を掛けている。

豆球の小さい橙《だいだい》色の明かりでも、はっきりと鷲鼻《わしばな》の老女の横顔がわかる。

小柄なのに大男に圧し掛かられているように重く、息を吸うのも辛い。だから、「だれ？」と訊くこともできない。

こういう体験は初めてだった。だから夢か、そうではないのかが判別できない。

いや、夢にきまってる。重たいと感じるのも錯覚に違いない。

きっとこういう時は、なにも見ないようにするのがいちばんなのだろう。

胸元までかけている毛布を掴むと、ぐっと上に引いて頭からかぶった。

毛布の上から座られているはずなのに、なんの抵抗もなく引っ張ることができた。だが、体が感じている重みはそのまま。やっぱり夢なのだ。

こんな状況ではあったが――。

夢美さんは自分の体調の変化に気づいた。

熱が下がっている？

具合も悪くない気がする。吐き気もない。

よかった、これで明日は会議に出られる。

「むだだ」

男のような野太い声がした。

体の重みが、すっと消えた。息苦しさもなくなる。

腹の上に座っていた老女もいなくなっていた。

――え？　なにが？


翌朝には熱も下がっており、会議にも行くことができた。

いったいなにが無駄なのか、わからなかった。

「――という話なんですが、わたし、けっこう怖い話が好きなんで、詳しいんですけど、稲川淳二さんのあの話、ありますよね、念仏を唱えたら、無駄だよ～、とか、きかないよ～って幽霊にいわれる」

「ゆきちゃん」のことだろう。なら、無駄だよ～ではなく、「そんなことやったたって、かえらないよ」である。

「でもわたし、その時は念仏も唱えてないし、帰ってとか、消えてとかも考えてなかったですし、ほんと、『なにが？』って状態でした」

それから、四十度近い発熱や、なにかを見るといったことは今のところない。

次に高熱がでた時、またあのお婆さんに座られるのではないか。

その時こそ、なにが無駄なのかを知るのではないか。そして、そのことに絶望するのではないのか。

戦々恐々としながら、今はこの未曽有の病禍を乗り越えることを祈り、日々を送っているという。

なにもない土地

　菅井さんの実家のある地域は都市部から離れてはいるが、ここ十年、新規事業による開発が目覚ましい。また、地場産業の活性化にも力を入れており、将来的に大幅な地価上昇も見込まれている。そのためか、他県からの移住者も年々増えているといい、わずかにでも遊んでいる土地がないかと、その手の業者が目を光らせている。

　にもかかわらず、菅井さんの実家の裏には、何十年ものあいだ、なにも建たない広い土地が存在している。

「空き地ではなくて、一応、どこかが所有している土地で、放置されているというわけでもないんです。今でも業者っぽい人たちが来て、除草作業やなにかの運び入れをしているのを見るって親父がいっていました。まあ、資産運用目的で買うだけ買って、なにも建てないって人もいるんでしょうけど、そういうのに詳しくない僕らみたいな人間からしたら、なんだか見ていてもったいなくってね」

その土地にはかつて、大層立派な邸宅が建っていたという。

どのような人たちが住んでいたかはわからないが、地域住人を巻き込んだお家騒動があって、幾度も警察沙汰になっていたというから、褒められるような仕事をしている人たちではなかったのかもしれない。

その邸宅も火事で全焼しており、出火原因、死傷者の有無など詳細は不明。

以来、この土地は、ただ草を生やし、不定期にやってくる業者によって除草されるためだけに存在している。

だが、これらの説話がどこまで事実に基づくものなのかはわからないのだそうだ。

立派な家が建っていたことは確からしいのだが、それがいつ頃の話なのかもわからないし、父親が家を建てた平成元年には、すでにただの広い草地であった。

警察沙汰にまでなったお家騒動や、邸宅を全焼させた火災が本当にあったのか、それらを証明する記録も見つからないのである。これだけの土地を所有する家の主なら、この地の名士であっても不思議はない。そんな家の起こした大騒動の記録がなんにも残されていないことなど、はたしてあるのだろうか。

つまり、井戸端の噂の域を出ない話なのである。


そんなわからないことだらけのこの土地に、約十年前、大きな動きがあった。

ある日、複数台の四トントラックとワゴンが連なりながらやってきて、その土地の中に入っていくのを見た。それらの車からグレーの作業服の人たちがぞろぞろ降りてくると、トラックの荷台から長い物やら大きい物やら袋やら箱やらを降ろしだす。

「大規模ななにかが始まるなとわかりました」

いよいよ、この土地になにかが建つのか。

この土地ならば、城みたいな豪邸を建てられるだろう。

この動きに注目していたのは菅井さんだけではなく、近隣の住人も強い関心を寄せており、わざわざ建築現場を覗きに来る人もいた。

建築現場はやがて高いフェンスで囲まれ、外から中の様子は見えなくなるが、菅井さんの実家の三階ベランダからは、その現場の様子が見えた。

「どれくらい進んだかな、どんな家が建つのかなって、人の家なのに結構楽しみにしていたんです。ところが——」

一ヶ月、二ヶ月経っても、まったく家が建つ気配がない。

現場にはそれなりの数の人員を投入しているのだが、建物の基礎もできていないように見える。なにかはやっているのだが、いったい、なんの作業をしているのか、見ていてもわからない。ただ、素人目に見ても家を建てる作業ではないことはわかる。

また、形がそれぞれ微妙に違う墓石のようなものが、作業現場のあちこちにあるのが見えた。フェンスが邪魔をして現場の全貌は見えないが、数は二十から三十。見れば見るほどに墓石であった。

勝手に豪邸が建つと思っていたが、まさか霊園ができるのか。

そしてまた、一ヶ月、二ヶ月と経つが、柱一本立たない。

かわらず、たくさんの人が出入りして動いているのだが、なにも作ってはいないのだ。

ある時期から自宅周辺でカラスが増えた。

カラスは珍しくはないが、ちょっと多すぎるなと思った。

とくに多いのが、裏の土地の建築現場。そこを囲むフェンスの上に数十羽がずらりと並んでいる時が何度かあった。そんなところに彼らの関心を引くものがあるようには思えないが、一様に尾羽を道側に向け、一向になにも始まらぬ現場をじっと見おろしている。黒い不吉の象徴が並ぶ姿は、喪服姿の葬列を彷彿とさせ、敷地内にある墓石のような物との取り合わせが絶妙に感じたそうだ。

カラスがパタッと姿を見せなくなると、今度はカナブンに似た黒光りするムシの死骸が、現場を囲むフェンスに沿ってびっしり溜まっているのを見るようになった。

現場で作業している人がたまに出てきて、箒《ほうき》と塵《ちり》取りで虫の死骸を集めて現場内に持っていく姿をたびたび見かけた。不思議なのは、そんなに死んでいるのに、生きて飛んでくるところを一度も見ないことだったという。

だんだん不気味に感じはじめた菅井さんは、建築現場を覗くことを止めた。

実家の裏の土地でなにかが始まってから一年が経とうという頃。

作業員たちは急に来なくなった。

フェンスも墓石のような物もすべて撤去され、なにも建つことなく、そこはまたなにも無いただの広い土地に戻った。

それから数年後、菅井さんは地元のスナックでBという男性と知り合った。

この地域の土地バブルに乗り遅れた元・不動産業の男で、その頃は土地ころがしのような狡《こす》い仕事をしていた。

こういう業界の人間ならどう判断するのかが聞きたくて、例の土地のことを話すと、Bはおおいに関心を持ったようであった。

「あんたが見たのって、地鎮祭の逆なんじゃないの」

どういう意味かと訊いたが、はぐらかされて教えてもらえなかったという。

それから数ヶ月ぶりに同じ店でBに会った時、「例の土地のことだけど」と向けると、「あそこ？　あー、ダメ、ダメ。あんな土地に関わったらダメ」と煙たい顔をされた。

元がつくとはいえ、Bも土地を扱うプロ。そうとうなところまで調べ上げているはずだ。その彼がこの反応、よほどのヤバイ情報があったのだろうと菅井さんは察した。

崇りがあるとか元処刑場とか無縁仏が埋まっているとか、そういった話かいと訊くと、いやいや、と首を横に振る。

「なんにも出てこなかった」

これといった問題が一つもない。すべてが、きちっきちっとしている。なにかの謂れも事件も過去も、噂にあるようなトラブルも、汚点がなにもない。

「そういう、なんにも出てこない土地が、実は一番こわいんだよ。言っておくけど、あの土地だけじゃないから。あんたのところの土地も含めての話だから。とにかく、早くあんなところは売っぱらっちゃったほうがいいよ」

Bはそれ以上、この件については話さなかったという。


「しばらく実家には帰っていませんけど、まだそこです。あんな詐欺師の言うことなんか信じて売ったりしませんから。それにまだ親父も生きていますし。ただ、ちょっと心配なことがあるんです。コロナの不安もあるんでしょうけど、親父が電話で、『俺が死んだら、あれを頼む、これを頼む』って、そんな話ばかりするんですよ。いや、それはいいんです、そういうことを考える年齢ですから。でもねぇ、ここ最近、夢の話ばかりしてきまして、それがあんまり気持ちのいい内容じゃないんです」

朝早くから、父親一人で墓参りに行く。

家を出て、裏のあの土地に行くと、そこは大きくてきれいで明るい墓苑になっていて、たくさんの墓が並んでおり、その中には自分の名を刻んだ墓があり、飲み友達や、前の会社の同僚や、親しい近所の人の墓もある。

ただ、どの名前もみんな、逆さまに刻まれている。

でも、不思議と読めてしまうのだという。

「おまえの墓もあったよ」

そんなことを少し嬉しそうにいうのだという。

あとがき——家にいますか

終《つい》の住処。
最後の砦。
帰るべき場所——我が家。
美味しいご飯。ぽかぽかお風呂。あったかい布団。
愛しい家族が待っている。裸になっても怒られない。
なんて、家って素晴らしいのでしょう。
皆さんは今、家にいますか？
蟄居《ちっきょ》とは家に閉じこもることですが、今は極力そうせねばならない時代です。
家の外には、私たちの命と生活を脅かす目に見えない脅威があるからです。

蟄の字には、世を逃れて隠れることの意味があるそうですが、なるほど、今の世の中は物騒なことだらけ。そんな世の中からは逃げてしまって、「安住の場所」である我が家に今すぐ帰って籠ってしまえば、もう安心でしょう。

そこが本当に「安住の場所」ならば、ですが――。


今みなさんが籠っているその家が、ある日突然、牙を剥き、「怖い場所」になってしまう。

そういうことがないといいきれるでしょうか。

事故物件ブームで、「怖い場所」と化した我が家の話はたくさん読まれました。

その家で、土地で、自殺をした人がいた。殺された人がいた。変死者がいた。

夜な夜な枕元に座る、目のない大柄な老人。天井からぶら下がる、濡れ笑う浴衣の女。

ただ、自分の家に住んでいただけなのに、理不尽に降りかかる災厄。

体験者たちの多くは為す術もなく、我が家を捨てて逃げ出します。

そんな怪談奇談が、あまりにも我が国には多い。

私も含め、多くの怪談作家がそんな話を集め、こうして本にしています。

所詮、他人事。

そう思って読んではいませんか?

自分の家が事故物件ではないからと安心などできません。


ちょうど私の手元に今、家相の本があるのですが、これがすごい内容なのです。

家相とは、間取り、向き、配置などで家の吉凶を見るものですが、この本には「家の主人が殺される家相」「住人全員がおかしくなって自殺をする家相」が、しっかり間取り付きで載っています。家相の専門家が、過去にそういう事件が起きた家の相を見て、「こんな部屋に住んでいたら、そりゃ自殺したり、おかしくなって人を刺したりするよ」と淡々と書いています。

——なんてことでしょう。窓の向きやトイレの場所で人が死んだり殺されたりするというのです。愛する家族が祟られたり病に侵されたりするのです。

逆に考えれば、こういった本をマニュアルにして、そういう家相の家を作ってしまえば、自殺や殺人事件を起こせてしまう、ということでしょうか。

呪いの家は、作ることができるのでしょうか。

人々は昔から、建物に呪いをかけるということをしていたそうです。

幕末に調査された記録によると、ある南島地域では、食べ物を貯蔵する倉にネズミその他の害獣・害虫が入って食い荒らさぬようにと、《カフカ》なる概念のようなものを利用したとあります。この《カフカ》とは「生物が育たない日」のこと指し、この暦にならって建材を調達し、土台を作り、倉を建てるのです。するとその倉は特別な力を持ち、ここに入った小動物は乾びて死んでしまうのだそうです。

この力はとても強いので、《カフカ》で作るのはほどほどにしなければなりません。あまり《カフカ》が強いと、人にまで影響を及ぼしてしまうからです。

私は性格が悪いので、ここでも「この《カフカ》を利用して家を建てれば、入った人をミイラにする《木乃伊ハウス》ができるのではないか」と考えてしまうわけですが……。

調べてみますと、かつてこの倉が建っていた土地に家を建てると、その家に住む人が死ぬ、或いは悪いことが起きるといった言い伝えが見つかりました。

一度、呪われた建物は、取り壊してもそこに呪いが残るということです。

呪いは浸透するのでしょう。

そしてそこは「呪われた土地」として、住んだものを次々と不幸にする。

なんにも知らず、こんな家・土地に住んでしまったなら最悪です。だってそこには、誰の恨みもなにも無いのです。そこに住む人たちは、まったく身に覚えのない呪いによって災いを被るわけです。


家に「呪物」を仕掛け、怪異の起こる「凶宅」にするという話もあります。

たとえば、こんな話が。ある旧家で毎夜、室内でレスリングの声がする。気味が悪くて家を取り壊すと、梁のあいだから木彫り人形二体が見つかる。それらは裸で取っ組み合っている形をしていた、とか。

結婚したら妻がよくベッドで寝小便をするようになる。そこで姑が寝ると、やはり寝小便をする。ベッドに原因があるのではと壊すと、木彫りの婦人像が出てきて、それがしゃがんで放尿する形をしていた、とか。

このような、何者かによって仕掛けられた呪物のせいで、その家が怪異・異変の起こる場所となってしまうということもあるのです。

あなたの家は大丈夫ですか？
おそらく、この先、私たちはまだまだ蟄居しなくてはならない。
ご自宅で、本書を読んでいる方もいらっしゃることでしょう。
その家が皆さんにとっての安住の場所であることを願います。

二〇二一年八月　家の中から

黒　史郎

異界怪談 闇憑

2021年10月6日　初版第1刷発行

著者……………………………………………………………………………… 黒 史郎
デザイン・DTP ………………………………………… 荻窪裕司（design clopper）
企画・編集 ……………………………………………………… 中西如（Studio DARA）

発行人…………………………………………………………………………… 後藤明信
発行所……………………………………………………………………… 株式会社 竹書房
〒102-0075　東京都千代田区三番町８－１　三番町東急ビル６F
email：info@takeshobo.co.jp
http：//www.takeshobo.co.jp
印刷所…………………………………………………………… 中央精版印刷株式会社

■本書掲載の写真、イラスト、記事の無断転載を禁じます。
■落丁・乱丁があった場合は、furyo@takeshobo.co.jp までメールにてお問い合わせください
■本書は品質保持のため、予告なく変更や訂正を加える場合があります。
■定価はカバーに表示してあります。
©Shiro Kuro 2021
Printed in Japan